하나님,
어떻게 살까요?

하나님,
어떻게 살까요?

초판발행 2013년 12월 5일
지은이 남성현
펴낸이 장병주
펴낸곳 예책
등록번호 제 17-311호
주소 서울시 서초구 서초동 1628-62 거송빌딩 205호
영업부 02-3489-4300
출판부 02-6401-2657
FAX 02-3489-4309

ISBN 978-89-03-6   03230
편집부에서 독자의 의견을 기다립니다.
책 값은 뒤표지에 있습니다.
21cbooks@naver.com

＊이 책에 인용된 성경 구절은 특수한 경우를 제외하고는
모두 표준새번역을 사용했습니다.

삶이 묻고 영성이 답하다

하나님, 어떻게 살까요?

남성현 지음

서문

    내가 신학대학교에서 가르치는 교수직이나 한 교회를 담임하는 목사의 직을 벗는다면 나는 어떤 사람이 되는 걸까? 내가 한 여자의 남편이 아니요 아이들의 아버지가 아니라면 나에겐 무엇이 남는 걸까? 나 자신을 옷처럼 감싸고 있는 이런 사회학적, 생물학적 조건이 마치 '배설물'빌 3:8 처럼 다 제거된다면 나는 누구일까?

    이 책은 이런 질문에서 시작되었다. 나는 겉껍데기가 아닌 내 본질의 모습으로 하나님 앞에 나아가고 싶었다. 유한한 내가 무한하신 하나님께 더 가까이 다가갈 수 있는 길은 무엇인지 묻고 또 물었다. 나의 시끄러운 견해가 잦아들고 개성도 사그라져 자아가 입을 다물 때쯤 주님은 나를 당신으로 가득 채우셨다.

    내가 누구인가를 추궁하며 막다른 골목에 도달할 때마다 하나님께서 사막의 구도자 안토니오스에게 들려주셨던 대답이 떠올랐다.

    "안토니오스야, 네 자신을 돌이켜 보아라. 그것들은 내가 판단할 몫인즉 그걸 안다고 너에게 유익할 것이 없느니라."

    나는 늘 내가 알고 있는 지식, 내가 쌓아 놓은 무언가가 나 자신일거라고 생각해 왔다. 하지만 하나님은 "성현아, 네 자신을 돌이켜 보아라. 네가 쌓는 것이 네 영혼에는 유익할 것이 없다"는 말씀으로 나를 깨우치셨다. 나를 둘러싸고 있는 조건은 신기루 같은 것일 뿐 내가 될 수 없다는 사실을 깨닫는 여정은 고통스러웠다.

그런데 그리스도께서 나를 안아 주시자 고통은 사라지고 담담한 감격과 기쁨이 나를 맞아 주었다. 돌이켜보니 껍데기를 벗는 탈피의 과정에서 나는 혼자가 아니었다. 하나님이 늘 나를 이끌어 주셨고, 나와 같은 고민을 했던 사막 수도자들이 길을 가르쳐 주었기 때문이다. 그렇다고 내 삶이 사막으로 들어갔던 그들만큼 심오하거나 진리에 근접한 것은 아니다.

이 책에서 풀어내는 이야기에는 특별한 구석이라곤 없다. 먹고 입고 살아가며, 사랑하고 소망하며 바뀌기를 기대하는, 그저 누구나 겪는 일상이자 보통 이야기다. 아우구스티누스의 〈고백록〉에서 만나게 되는, 깊은 나락으로 떨어지는 추락의 경험 같은 것도 없고, 다윗의 시편에 나타난 핏빛어린 처절한 절규도 없다. 영웅적인 설화도, 고난을 딛고 일어선 인간 승리도 없다. 그냥 평범하게 살아가는 한 인간의 일상, 더불어 그런 삶에서 느낄 수 있는 체온과 호흡 같은 것이 전부다.

평범한 일상을 한 권의 책으로 담아내려 한 건, '오늘 여기'에서 경험하는 순간순간이 영원으로 들어가는 문이라는 확신 때문이다. 영원은 현재에서만 열린다. 과거는 사라졌고 미래는 아직 오지 않았으니, 현재가 아니라면 영원으로 들어갈 수 없다. 그러니 일상에서 그리스도를 호흡하고, 흘러가는 평범함 속에서 그리스도를 구해야 한다. 이 길 말고 그리스도의 정결한 신부가 되는 다른 길을 나는 알지 못한다.

오래 전 교회사를 공부하기 위해 프랑스행 비행기에 몸을 싣고서 나는 이렇게 내 자신에게 말했다. "그들의 언어로, 그들의 역사를, 그들보다 더 잘 하고야 말겠다." 그 결과로 나온 것이 프랑스어, 라틴어, 헬라어가 빼곡한 오백 쪽이 넘는 논문이었다. 목적을 위해 인생을 걸었던 시절이었다. 이후에도 늘 그런 식으로 내 인생은 목적을 위해 소비되었다.

이 책을 탈고하는 지금 더는 그런 목적이 나를 지배하지 못한다. 호흡하며 살아가는 것, 살아가며 신랑 되신 예수 그리스도의 신부로 서 있는 것, 그런 것이 목적이라면 목적이다. 그리스도 안에 있을 때라야 쉼과 평화가 있고 비로소 나는 내가 된다. 나는 이 책을 읽는 독자들이 목적을 위해 소비되지 않고 자기 자신을 찾아가는 순례자들이 되길 바란다. 바로 이 순간, 즉, 먹고, 입고, 숨 쉬며 살아가는 현재에서 그리스도의 정결한 신부가 되려 하

서문

지 않는다면 결코 자기 자신을 찾을 수 없다. 여기 묶인 글이 결코 그런 길의 정답일 수는 없으나 몸부림치며 고민하는 하나의 예는 될 수 있을 것이다.

이 책은 2011-2013년 국민일보에 연재한 글을 다듬은 것이다. 이 책이 나오기까지 마음을 써 준 도움의 손길이 많다. 무엇보다 연재를 시작해 준 이지현 기자, 그리고 그 이후 매주 원고를 읽고 제언을 해준 최영경 기자에게 감사의 뜻을 전한다. 끝없이 이어진 내 아내와의 이야기는 이 책의 모태나 다름없다. 그것들을 글로 고정한 건 나이지만 글의 알맹이는 아내와 함께한 이야기의 열매이기에 어떤 면에서 아내도 이 책의 저자다. 도서출판 예책의 장병주 대표는 세세한 부분까지 다듬어 가지각색의 단편들을 새로운 질서를 가진 책으로 만들어 주었다. 이 모든 과정에서 이끌어 주신 주님께 감사와 영광을 돌린다.

2013년 겨울의 초입에서

남성현

차례

1부_ 어떻게 살까?

chapter 1. 소유인가, 존재인가

욕망을 벗어난 기도 • 15
금덩이를 나일 강에 던지다 • 20
나는 솔로solo 신학자 • 23
소유인가, 존재인가 • 27
미국식 다른 복음 'give and take' • 31
소유욕이라는 이름의 죄 • 36

chapter 2. 먹을 것과 입을 것

파 비빔밥 이야기 • 41
잡념을 정화하는 마른 밥 • 46
정결한 음식과 부정한 음식 • 51
식탐과 교만의 한끝 차이 • 55
40년에 한 번 빨아 입은 옷 • 60

2부_ 어떻게 사랑할까?

chapter 3. 결혼과 가족

"아빠, 엄마 얼굴이 생각 안 나" • 67
사랑에 질리게 하다 • 72
혼인의 조건 • 76
파니와 세바스티앙 • 81
〈만 가지 슬픔〉과 펠르랭 장관 • 86
세상에서 가장 아름다운 꽃 • 90

chapter 4. 사랑과 성

함께 죽어도 좋은 비극의 숭고미, 사랑 • 95
'여자여, 그대 이름은 마귀니'_기독교의 여성 혐오 역사를 반성하며 • 99
매춘은 과연 없어질 수 있을까 • 103
예수의 아내? 영지주의 문학의 끝없는 상상력 • 109
뒤바뀐 성性 • 115

3부_ 나는 누구인가?

chapter 5. 나 됨의 고백

코피 • 123
나의 선생님, 피에르 마라발 Pierre Maraval • 127
바벨의 돌덩이 • 131
오리겐을 본받아 • 135
독방 • 139
원죄 • 143
깊고 깊은 내 죄의 뿌리 • 147
몬트리올 크라이스트 교회의 예배 • 151
나는 누구인가? • 155

chapter 6. 비움의 길

지갑까지도 내준 아르세니오스 • 159
답장 없는 편지 • 161
"이미 말을 너무 많이 했습니다" • 165
꿈 • 169
빛과 어둠 • 174
화를 내지 말아야 할 이유 • 179
몬트리올의 코테네주 묘원 • 182
전자제품 없는 날 • 186
선물의 힘 • 189
두려움 • 192

4부_ 세상은 어떻게 바뀌는가

chapter 7. 정의가 작동하는 세상

스타벅스 커피와 진료확인서 • 199
〈우리들의 일그러진 영웅〉과 '영웅' 없는 사회 • 203
이문열과 안토니오스 • 208
'설마'와 '그날' • 212
정의의 기술 • 216
땀 흘려 일한 값은 얼마일까? • 221
콘스탄티누스 대제 • 225
밀라노 칙령 1700주년을 기념하며 • 230
황제를 혼낸 수도자, 암브로시우스 • 234
만남과 수용 • 238

chapter 8. 복음이 바꿔 놓은 세상

윈스턴 처칠의 'No sport' • 243
평가절하 된 호칭, '너' • 248
의로운 '빛' • 253
마귀를 물리치는 '웃음' • 257
금주禁酒 찬송가 • 261
병원의 탄생 • 265
거룩한 이름들 • 269

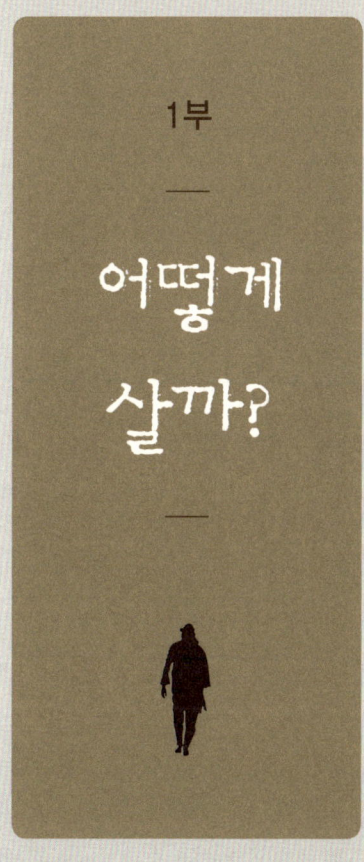

1부

어떻게
살까?

Chapter
01

소유인가, 존재인가

내 손으로 이룰 수 있다면야
구태여 기도까지 갈 필요가 없지 않은가?
우리가 갈망하는 그 분 앞에서는
내 땀과 노력은
다 부질없는 것이 된다(엡 2:8-9).
내가 내 뜻을 접을 때 비로소 나는
진정한 나로 돌아간다.
내 뜻이 살아 꿈틀거려
하나님을 빚진 자로 만든다면,
나는 내 욕망의 덫에 자진하여
결박당한 노예일 뿐이다.

욕망을 벗어난 기도

학창 시절에 내가 하던 기도에는 좀 별난 데가 있었다. 누구의 가르침이었는지는 정확히 기억나지 않지만 기도는 가급적 구체적으로 해야 한다는 가르침을 받아들여 기도 노트를 만들었다. 기도 노트에 일일이 기도 제목을 써가며 자세히 기도했다.

그때만 해도 하나님께 바치는 기도는 이런 저런 것을 구하고 찾고 두드리는 것_{마 7:7}이 대부분이었다. 이런 방식으로 기도 노트에 적어 놓은 기도 제목이 무려 41가지나 된다. 기도 제목이 어떠했는지는 세월 속에 묻혀 잊혀졌지만 제목이 그렇게 많았다는 것만은 또렷하게 기억한다. 어쩌면 몇 가지 소원은 응답되었을 것이다. 그래서 어렵고 힘든 젊은 시절, 더 굳은 믿음을 갖게도 되었을 것이다.

하지만 이런 방식의 기도는 방향을 잘못 잡은 것이있다. 하나님의 뜻

17세기 화가 데이비드 테니어(David Teniers)가 그린 〈안토니오스의 유혹〉이다. 안토니오스는 동굴 안에 거처를 마련하고 기도와 독서에 전념했다. 오른쪽 아래 샘물이 있는데 안토니오스가 거처하던 사막이 오아시스임을 표현한 것이다. 사념의 마귀는 갖가지 요괴의 형태로 나타나 안토니오스를 유혹한다. 아울러 정장 차림의 젊은 여인이 머리를 풀어 헤친 채 유혹의 상징인 포도주 잔을 들고 등장한다. 드레스 아래쪽에 악마의 발톱을 숨기고 있어 현숙한 여인의 모습으로 가장한 부정(不貞)의 마귀임을 알 수 있다. 안토니오스 뒤에 있는 뿔 달린 노파가 젊은 여인을 가리키고 있어 유혹은 더욱 더 거칠다.
http://commons.wikimedia.org/wiki/File:Lille_teniers_jeune_St_antoine.JPG#file

을 구하고 따르는 것은 내팽개치고, 내가 정한 뜻에 하나님이 맞추어 주시기를 바랐기 때문이다. 스스로 계시는 하나님을 구한 것이 아니라, 내가 상상한 하나님을 참 하나님으로 생각하고 내가 원하는 것을 계속 졸라댄 것이다. 지금 생각해도 적반하장 격이다.

어느 날 한 남자가 안토니오스에게 와서 "저를 위해 기도해 주십시오" 하고 청했다. 여느 사람이라면 "무슨 근심이라도 있습니까?" 하고 묻고 기도해 줬을 것이다. 그러나 사막의 구도求道를 개척해 나간 기도하는 사람, 안토니오스에게서는 평범한 대답을 기대하는 것 자체가 오산이다. 자신을 위해 기도해 달라는 한 남자의 간청을 안토니오스는 단호히 거절했다. "그대가 그대 자신을 불쌍히 여기지 않고 하나님께 그대의 청을 아뢰지 않는다면, 나도 그대를 불쌍히 여기지 않고 하나님도 그대를 불쌍히 여기지 않으실 걸세!" 무언가 허를 찌르는 대답 같은데, 그 뜻이 얼른 이해되지 않으면서 여운이 가시지 않는다. 신학교에서 배운 실천신학이나 조직신학으로도 잘 풀리지 않을 수수께끼 같은 대답이다.

하지만 안토니오스가 누구인가? 불타오르는 사막의 한가운데서 홀로 헤아릴 수 없이 깊은 두려움과 고독에 빠지기도 하고, 불꽃처럼 타올랐다 사라지는 무수한 상념과 처절한 씨름을 한 사람이 아니던가. 그러니 그의 말을 가볍게 여기지 말자.

안토니오스의 대답에 숨은 뜻은 이런 것이 아니었을까? "쩨쩨하게 그런 것 가지고 기도하지 마시오." 감도 안 될 만한 것을 문제로 생각하여 번민하니 얼마나 초라한가. 그런 문제를 놓고 하나님께 기노祈禱시 해야 하다니 얼마나 불쌍한가. 그런 일로 걱정하거나 기도하지 않는다면, 불쌍하게 보이지도 않고 하나님도 더 대견하게 여기실 것이다!

••• 젊은 시절 나는 '무엇을 주십사' 하는 기도를 했지만, 지금은 '무엇을 비워 주십사' 하는 기도에 이끌린다. •••

사막의 구도자들은 거의 모든 시간을 기도에 바쳤다. 그런데 그들의 기도는 '내게 무엇을 달라'는 기도가 아니라, '나에게서 무엇을 비워 달라'는 기도였다. 안토니오스를 찾아온 그 남자는 아직 기도가 무엇인지 잘 모르는 초심자였고 그렇기에 '무엇을 주십사'라는 내용의 기도를 안토니오스에게 청했다가 보기 좋게 퇴짜를 맞은 것이다.

젊은 시절 어디서 주워들어 배운 "구체적으로 기도하라"는 명제는 안토니오스의 직관 앞에서 덜 구운 질그릇처럼 산산이 조각나고야 말았다. 안토니오스는 자신의 마음에서 잘못된 것과 나쁜 것을 비워 달라고 수많은 세월을 기도했다. 그리하여 오랜 사막의 수도생활을 통해 여덟 가지 악한 생각(탐식, 음욕, 탐욕, 분노, 슬픔, 태만, 허영, 교만)을 거의 비워 내기에 이르렀다. 나쁜 생각이 비워진 그 마음의 자리에는 하나님께서 주신 갖가지 은사들이 가득 채워졌다.

안토니오스가 위대한 점은 미래를 예언한다거나 사람의 마음을 투시하는 데 있지 않다. 그가 영적으로 위대한 이유는 그 깊은 사막의 고독 속에서 홀로 자신의 악한 생각과 싸워 물리쳤기 때문이다.

젊은 시절의 나는 '무엇을 주십사' 하는 기도를 했지만, 지금은 '무엇을 비워 주십사' 하는 기도에 이끌린다. 아직도 간혹 무엇을 주십사 하는 달콤한 기도가 입 끝에서 맴돈다. 하지만 하나님을 못미더워 해서 달라고 하는 내가 송구하기도 하고, 또 그런 걸 구하는 내 생각이 얍삽한 것 같기도 해서, 그런 식으로 대놓고 기도하지는 못한다.

만약 내 마음이 내 욕구로 빈틈없이 꽉 차 있어서 하나님께서 들어오실 자리가 없다면, 내 모습이 얼마나 불쌍한가. 만약 내게 말씀하시고자 하는 하나님 앞에서 태엽을 감아 놓은 인형처럼 내 욕심만 되뇐다면, 그래서 그분의 말씀을 들을 귀가 없다면, 나는 얼마나 불쌍한가.

나의 근원이 되시는 진실한 하나님께 다가가기 위해서는 내 사심으로 그린 나만의 하나님을 내려놓아야 한다. 기도가 욕망을 벗어날 때라야 비로소 하나님은 내게로 들어오시고, 나는 내가 된다.계 3:20.

금덩이를
나일 강에 던지다

로마의 귀부인 중에 멜라니아라는 신실한 여인이 있었다. 이 여인은 로마에서도 한 손에 꼽을 정도의 거부였는데, 이탈리아며 남프랑스는 물론 스페인, 북아프리카 곳곳까지 수천 수만의 노예들이 일구어야 하는 거대한 농장을 소유했다.

그런데 멜라니아가 유명해진 것은 비단 세기적으로 눈부신 재산 때문만은 아니었다. 마태복음 19장 21절의 말씀을 따라 자기 재산을 가난한 자에게 나누어 주면서 재물을 마치 먼지 털듯 떨구었기 때문이다. 멜라니아는 남편과 함께 로마를 떠나 예루살렘에서 살기로 결심하고, 이탈리아와 프랑스, 스페인, 북아프리카를 돌면서 거대 토지를 팔았다. 그리고 그 돈을 금덩어리로 바꾸어 가난한 사람들에게 나누어 주면서 드디어 이집트에 도착했다.

소유인가,
존재인가

　이집트에 도착한 멜라니아는 남편과 함께 당시 명망 높았던 사막 기독교인을 찾아갔다. 그 수도자의 몸은 여위었고 옷은 남루했지만, 한 마디 한 마디 울리는 말에는 기품과 영적 힘이 배어 있었다. 로마의 귀부인으로 화려한 생활에 익숙했던 멜라니아는 수도자의 삶에 감동 받아 갖고 있던 금덩어리를 헌금하려 했다. 아마도 그 금덩어리는 스위스 은행 마크가 번쩍대는 1킬로그램짜리 순금 골드바에는 못 미쳐도, 18k에 800그램 정도는 되었을 것이다.

　나라면 한두 번 사양하다 못 이기는 척 받았을까, 아니면 헌금이니 사양할 것도 없이 덥석 받았을까? 상상만으로도 마음이 복잡해지고 갈등이 된다. 이 당시의 교회 전통은 명약관화明若觀火하여 헌물을 받으면 가난한 자들을 위한 무료병원 운영, 무료음식 보급 등에 사용했다.

　하지만 이집트 사막 기독교인들은 금덩어리를 돌덩이 보듯 했다고 한다. 덕망 높은 수도자는 멜라니아의 금덩어리를 한사코 사양했고, 멜라니아는 하는 수 없이 수도자 몰래 그의 거처에 금덩어리를 숨겨 놓고 길을 떠났다. 그런데 멜라니아가 떠난 지 얼마 후 금덩어리를 발견한 수도자는 급히 멜라니아 일행을 좇아 멜라니아가 탄 배에까지 올랐다.

　그는 멜라니아에게 금덩어리를 돌려주려고 했으나 멜라니아가 그것을 받을 리 만무했다. 두 사람이 이런 정도의 덕망을 갖추었다면, 한 쪽이 사회적 약자를 위해 쓰겠다고 한발 물러설 법도 하지만 그런 기대는 사막 수도자의 영성 앞에서 산산이 조각나고 만다. 그 수도자는 멜라니아가 보는 앞에서 금덩어리를 악어가 우글거리는 나일강 한가운데로 던져 버렸다.

멜라니아의 생애에 소개되는 이 일화는 여기에서 그친다. 그 수도자는 왜 그래야만 했을까? 혹자는 그 당시 기준으로 약 400명의 걸인을 1년 동안 먹일 수 있는 금액을 버렸다고 수도자를 책망할 수도 있겠다. 그러나 그런 실용주의적 사고는 잠깐 접어 두고, 당시 영성의 깊이로 들어가 보자.

> … 사람들은 힘이 능력에 있다고 생각하지만 깨끗함이야말로 참된 힘이다. 깨끗함은 눈에 보이지 않는다고 하지만, 깨끗함이야말로 마음의 눈에 밝히 드러난다. …

구제 긍휼은 멜라니아가 하면 되지, 멜라니아가 헌금한 금덩어리로 굳이 그 수도자가 할 필요는 없다. 사막 수도자들은 헌금을 받아 구제를 하면 허영의 마귀에 농락당한다고 보았다. 자기 것도 아닌 것으로 마치 자기 것인 양 도와주는 것이니 허영이라면 허영일 수도 있겠다.

나아가 그 헌금은 멜라니아에게도 좋다고 만은 할 수 없다. 덕망 있는 수도자를 금덩이로 도와주었다는 생각은 자칫 교만을 불러들일 수 있다. 그 시대에서는 교만의 마귀와 허영의 사탄을 가장 지독한 마귀로 보았다. 이렇게 금덩어리는 멜라니아의 영혼에도, 수도자의 영혼에도 아무 도움이 되지 않았다. 나일강 악어의 노리갯감으로나 적당했던 것이다.

사람들은 힘이 능력에 있다고 생각하지만 깨끗함이야말로 참된 힘이다. 깨끗함은 눈에 보이지 않는다고 하지만, 깨끗함이야말로 마음의 눈에 밝히 드러난다. 오늘날 우리가 사막의 기독교인들에게 끌리는 이유는, 그들의 우직한 순수함과 맑은 영혼이 욕심 많은 우리 마음을 환하게 드러내기 때문이리라. 마음이 깨끗한 자는 복이 있나니, 그는 하나님을 볼 것이다. 마 5:8.

나는 솔로 solo 신학자

　지금까지 나와 친분을 쌓은 사람들은 대개 내가 신학박사논문을 썼다는 것 정도만 알지 그 논문을 직접 읽어 본 사람은 거의 없다. 나의 은사이신 서강대학교 프랑스 문화학과의 최현무필명 최윤 선생님이 몇 년 전에 내 박사논문을 청한 것이 처음이자 마지막이었다. 그런데 논문을 드린 지 일주일 만에 돌아온 답은 무슨 내용인지 전혀 이해할 수 없어 미안하다는 것이었다. 논문의 키워드가 프랑스어 사전에도 없는 단어였으므로 당연한 대답이었다. 그때서야 짧지 않은 세월 동안 우주의 전부인 양 정신을 판 내 공부가 한낱 먼지 알갱이에 지나지 않는다는 것을 깨달았다.
　그 후 내게 논문을 청한 사람은 없었다. 그리하여 내 논문은 뜻하지 않게 나와 하나님 사이의 비밀스러운 것이 되어 버렸다. 유학을 마치고 귀국한 지 만 9년이 지난 지금은 나 역시 내 논문의 내용을 거의 잊어버렸다.

가끔씩 논문을 들추어 보면 나도 모르는 낯선 이야기가 줄줄이 등장해 새삼 놀란다. 이젠 나도 잊어버린, 그래서 나도 모르고 남도 모르는 내 논문은 하나님만이 아시는 진짜 비밀이 되어 버렸다.

알아 주는 이 없이 그저 하나님만 아시는 솔로solo 신학은 비단 그것으로 끝이 아니다. 몇 년 전 일본 센다이에서 아시아-태평양 교부학회APECS가 열렸다. 나는 국내 학자 네다섯 명과 동행해서 프랑스어로 논문을 발표했다. 하지만 그 무슨 독백이었는지 그날 그 자리에 동석했던 국내 학자 중 내가 발표한 내용을 이해하는 사람이 아무도 없었다. 이 계기를 통해 나는 프랑스어로 된 논문을 발표하는 것이 현명하지 않은 처사라는 것을 깨달았다.

그 다음 해에 호주 멜버른에서는 되지도 않는 영어로 발표를 했다. 20분간 논문을 요약한 후 질의응답 시간이 되었는데 한 여자 목사님이 대뜸 이렇게 말했다. "I can understand nothing." 아무것도 모르겠다는 것이었다. 제목뿐만 아니라 내용도 단 한 줄 이해가 안 된다고 했다. 설사 그렇다 해도 가만히 있어 주었으면 내가 좀 덜 곤란했을 것을, 굳이 많은 사람 앞에서 그 사실을 공표할 것은 또 무엇인가. 더욱 당황스러운 것은 아무것도 모르겠다는 그 말이 유일한 코멘트였다는 것이다. 그나마 무게 있는 몇몇 학자가 내 논문을 학술지에 게재해 준 것이 다행이었다.

솔로인지 홀로인지 하는 나의 고집은 계속되었다. 2012년 5월, 토론토에서 멀지 않은 워털루 대학교University of Waterloo에서 열린 캐나다 연례 인문학회에 참석했다. 20분가량의 발표가 끝나고 질의응답 시간이 왔다. 헛

기침 소리조차 없는 적막함이 밀려오며 개미 새끼 한 마리도 미동하지 않았다. 당황한 나는 속으로 '그래도 한 명쯤은 손을 들겠지' 하고 생각했지만 끝내 질문은 없었다. 여태껏 여러 학술대회에 참여했지만 대학원생의 발표에도 질문이 있는 게 일반적인데 내 발표에는 단 하나의 질문도 없었다.

••• 책에 취해 허영과 자만 속에서 길을 잃은 나는 말씀 앞에 서서 내 영혼을 돌아볼 때에야 겨우 제자리로 되돌아온다. •••

발표 후에 오타와 대학교 University of Ottawa 의 교수와 이야기를 나누던 중 미스터리한 침묵의 이유가 드러났다. 프랑스어권인 퀘백 주 학자들이 그날따라 한 명도 참여하지 않았고, 따라서 내 프랑스어 발표를 알아들을 수 있는 사람 역시 아무도 없었다. 아울러 캐나다 교회사 학자들 중에 교회경제사 분야의 전문가가 없다는 것도 알게 되었다. 그의 설명에 약간의 위로를 받긴 했지만, 비행기 표며 만만치 않은 숙식비가 아깝게 느껴졌다. '내 공부는 여전히 독백일까?'라는 생각이 지워지질 않았다.

이해 받지 못하는 솔로 신학으로 냉소하듯 자평하지만 사막 기독교인들의 솔로 신앙에 비하면 나만의 고민은 지독하게 세속적인 것이다. 마카리오스라는 유명한 사막 기독교인은 세상을 버리고 광활한 사막으로 물러나서 홀로 살았다. 사막의 현자, 안토니오스도 수십 년의 세월을 독거하며 진정한 솔로로 살아간 적이 있다. 사막 기독교인들은 홀로 자신을 대면하는 것이 우주적 과업이라고 생각했기에 모든 걸 포기하고 살 수 있었다. 외로이 말씀 앞에 서서 영혼의 깊은 곳을 바라보아 우주의 근원이신 하나님을 만날 수만 있다면, 그런 솔로 신앙이야말로 비할 바 없이 우주적인 것이리라 시 131:2.

홀로 살아가는 것이 외딴 장소의 문제가 아니라는 것은 사막의 기독교인들도 잘 알았다. 같이 살아도 마음은 홀로 살아갈 수 있고, 홀로 살아도 사념으로 동요되어 무리와 함께 살 수 있다. 모여 살든 홀로 살든 이런 삶의 외형은 부차적이다. 그런 것에 상관없이 내 영혼을 홀로 대면할 수 있는 자세라면 족하다. 그러기에 우리가 무엇을 하는가에 상관없이 솔직하고 진실하게 스스로의 영혼을 바라보는 것이 최고선이다.

사실 혼자 하는 공부든 폭넓은 대중적 공감대를 얻는 공부든 그건 중요하지 않다. 내 영혼의 떨림과 동요를 되돌아보는 것은 책을 뒤지며 하는 공부와는 비할 수 없이 소중하다. 책에 취해 허영과 자만 속에서 길을 잃은 나는 말씀 앞에 서서 내 영혼을 돌아볼 때에야 겨우 제자리로 되돌아온다 시 131:1. 그래서인지 솔로 신학이란 푸념조차 아무것도 아닌 것 따위에도 미치지 못하는 영혼의 독(毒)이 아닐까 자문해 본다.

소유인가, 존재인가

'약속과 성취'라는 구도는 구약성경을 해석하는 일반적인 틀이다. 하지만 정신분석학자 에리히 프롬은 '소유와 존재' 사이의 입장에서 구약을 해석했다. 약속과 성취가 무언가를 이루어야 했던 산업주의 시대의 과제에 부응했다면, "소유를 떠나 존재하라"는 명제는 산업화의 후유증을 앓는 오늘날의 세대를 위한 메시지다.

"소유를 벗어나 참 존재가 되어야 한다"는 명제는 아브라함과 더불어 시작된다. 아브라함은 자신의 소유였던 조상의 땅을 버리고 하나님이 지시하신 미지의 땅으로 떠난다.창 12:1. 소유를 포기한 아브라함은 모험을 택했다. 그의 결단은 소유를 안전판으로 여기는 우리로서는 선뜻 이해할 수 없는 모습이다. 사막 기독교인들은 아브라함의 이야기를 사랑했다. 그들은 아브라함이 조상의 땅을 떠난 사건에서 소유를 초월해 그리스도의 제자가 되라는 메시지를 발견했다_{마 19:21}.

　탈脫소유의 서사시는 출애굽 이야기로 이어진다. 풍요의 땅, 나일 강 삼각주를 벗어난 이스라엘 사람들은 죽음의 땅, 사막을 향해 나아간다_{출 16:3}. 이집트에서 갖고 나온 금붙이와 보석이 죽음의 땅에서 무슨 소용이 있을까_{출 12:35-36}. 죽음의 그림자가 짙게 드리운 사막에서 소유란 널려 있는 모래알에 불과하다.

　따라서 탈소유는 강요된 운명이자 하늘의 섭리였다. "주님께서 당신들에게 명하시기를, 당신들은 각자 먹을 만큼씩만 거두라고 하셨습니다. 당신들 각 사람은, 자기 장막 안에 있는 식구 수대로, 식구 한 명에 한 오멜씩 거두라고 하셨습니다. 이스라엘 자손이 그대로 하니, 많이 거둔 사람도 있고 적게 거둔 사람도 있었으나"_{출 16:16-17}. 만나는 모자라지도 남지도 않았다. 더 갖고 싶어도 가질 수 없고 더 가지려는 의지 자체가 무의미한 사막은 하나님만 바라보던 두 번째 에덴이었다.

　사막 기독교인들은 바로 이 두 번째 에덴을 동경했다. 그들은 소유하고자 하는 욕망의 불을 스스로 꺼버리고 소유의 가능성조차 자발적으로 차단했다. 그리고 그리스도의 연인으로 남고자 사막으로 들어갔다.

　안식일 규정은 탈소유적 서사시의 본론이다. "당신들이 엿새 동안은 그것을 거둘 것이나 이렛날은 안식일이니, 그 날에는 거두어 들일 것이 없을 것입니다"_{출 16:26}. 안식일은 단순한 공휴일이 아니라 만나조차도 거둘 수 없는 절대적 반反소유의 날이다. 유대인들은 안식일의 본질을 잘 이해하고 있었기 때문에 안식일에는 아무것도 나르지 못하도록 가르쳤다. 자기 집 정원에 있는 것은 정원 안에서 여기저기로 옮길 수 있었다. 하지만 깃털만큼 가벼운 것이라도 다른 자의 땅으로 옮기는 것은 금지되었다.

사유재산의 개념 자체를 허용하지 않는 안식일, 그 안식일을 에리히 프롬은 이렇게 썼다. "안식일만큼은 모든 사람이 마치 아무것도 소유하지 않은 듯, 그냥 지금 모습대로 존재하는 것 외에 다른 어떤 욕망도 추구하지 않는 듯, 그렇게 살아야 한다."

••• 선지자들이 제 아무리 외쳐도 소유에 취해 흥청거리는 사람들은 욕망을 포기할 줄 몰랐다. 결국 사람들의 왕국은 멸망했고 그 왕국과 함께 그들의 욕망도 실패했다. •••

그러나 결론적으로 탈소유의 서사시는 실패했다. 이스라엘 사람들은 젖과 꿀이 흐르는 가나안 땅에 들어가 살지만 그 땅에서 사는 것만으로는 만족할 수 없었다. 지도자를 소유하고자 했고 삼상 8:5, 군대를 모집하고 부를 쌓아 지키고자 했다. 약속의 땅을 움켜쥔 사람들은 하나님을 버리고 소유하고자 하는 자신들의 욕망을 더욱 자극하고 부추겼다.

전능하신 하나님은 소유욕으로 불타는 사람들을 내버려 두셨을까, 아니면 징벌하셨을까? 전능하신 하나님? 그렇다, 하나님은 전능하시다. 하지만 전능하신 하나님은 동시에 나약한 하나님이시기도 하다. 우주를 창조하고 역사를 이끄는 절대적 하나님이시지만, 인간이 버리면 여지없이 '버림당하는' 삼상 8:7 한없이 약한 하나님이시기도 하다. 하나님은 인간을, 더 정확히 말하자면 소유하고자 하는 인간의 욕망을 그냥 내버려 두셨다.

이후 역사는 불행하다. 선지자들이 제 아무리 외쳐도 소유에 취해 흥청거리는 사람들은 욕망을 포기할 줄 몰랐다 사 10:2; 암 8:6. 결국 사람들의 왕국은 멸망했고 그 왕국과 함께 그들의 욕망도 실패했다.

그렇기에 구약은 실패의 이야기다. 하나님을 버리고 소유를 숭배했던 한 민족이 실패한 과거의 이야기이자, 하나님을 버리고 소유를 숭배하는 민족이 실패할 것을 예언하는 미래의 이야기이기도 하다.

에리히 프롬의 관점에서 구약을 보니, 니트리아 기독교인들의 일화가 더욱 새롭다. 한 수도자가 금화 100닢을 남기고 죽었다. 이 돈을 어떻게 해야 할지를 놓고 형제들이 토론을 벌였다. 가난한 자에게 나누어 주어야 한다, 교회에 헌금해야 한다, 망자의 부모에게 돌려 주어야 한다는 제안이 이어졌다.

하지만 덕망 높은 자들의 결정은 의외였다. "그대는 그 돈과 함께 망할 것이오" 행 8:20라는 성경말씀이 기준이 되었다. 이 말씀을 근본으로 삼아 원로들은 그 돈을 주인과 함께 땅에 묻어야 한다고 결론지었다. 그 순간 두려움이 사막을 엄습했다고 한다. 예수님의 말씀이 새삼스레 떠오른다. "사람이 온 세상을 얻고도 제 목숨을 잃으면, 무슨 이득이 있겠느냐?" 막 8:36

미국식 다른 복음
'give and take'

메덴블릭 J. T. Medenblik 박사는 미국 칼빈신학교 Calvin Theological Seminary 의 총장이다. 작년 가을에 열린 한영신학대학교의 영성수련회에서 그의 특강을 접할 기회가 있었다. 메덴블릭 박사는 본래 법학을 전공한 변호사였다. 그러던 중 신학대학원에서 공부를 하고 이후 뉴라이프 교회 New Life Church 를 개척하여 목회자의 길로 들어섰다. 몇 년 전에는 미국 개혁주의 신학의 산실인 칼빈신학교의 총장으로 초빙되었다. 신학자라기보다는 목회자요 설교가인 그의 강의는 쉽고 평이하면서도 성경적인 통찰과 목회 연륜에서 배어난 직관으로 가득 차 있었다.

메덴블릭 박사는 강의에서 미국 교회의 자화상을 묘사했는데 우리의 모습과 닮은 부분이 많이 있었다. 메덴블릭 총장은 하나님과 계약서를 쓰듯이 신앙생활을 하는 미국 신자들이 있다고 이야기했다. 이런 사람들은 자신들이 헌신하면 헌신한 만큼 하나님께서 자신들에게 빚을 지신 것이며 하나님이 그 빚을 갚아 주셔야 한다고 믿는다.

이런 '기브 앤 테이크'_{give and take} 방식의 신앙은 나의 노력으로 하나님을 빚쟁이로 만들어 버린다. 메덴블릭 박사는 이런 현상을 미국판 '다른 복음'_{갈 1:7}이라고 불렀다. 이런 오해는 인간 사회의 계약 관념을 하나님에게 그릇되게 적용해서 생기는 것이다. 계약서란 나와 너라는 두 주체가 주거니 받거니_{give and take} 하는 방식으로 약속을 맺는 것으로, 인간의 사회적 삶을 가능케 하는 법칙이다.

그러나 이런 '계약서 신앙'이 출발부터 잘못임을 증명하는 것은 그리 어렵지 않다. 생명의 근원이신 하나님께서 나에게 생명을 주셨는데, 생명을 빚진 나는 무엇으로 갚을 것인가? 솔직히 말해 보자. 나는 하나님을 위해 사는가, 나와 내 가족을 위해 사는가?

고백하건대 나는 하나님께서 나에게 생명을 주셨다고 믿지만, 나와 가족을 위한 삶의 자리가 그 어떤 것보다도 더 크다. 그래서 내가 하나님을 위해 산다고 선뜻 말하기가 조심스럽다. "하나님의 영광을 위해 살겠다"는 기도를 들을 때마다 '어쩌자고 저런 말을 쉽게 내뱉을까' 하는 두려움이 먼저 앞선다.

목사이자 신학교수인 나 역시 그저 한 인간에 불과하여 이 정도밖에 되지 않는 것이 부끄럽다. 하지만 "당신이 밥을 먹는 게 하나님의 영광을 위한 것입니까, 당신 자신을 위한 것입니까?"라는 질문에 하나님의 영광을 위해 밥을 먹는다고 대답할 수 있는 사람이 얼마나 될까? 그렇게 대답

소유인가,
존재인가

하는 사람은 위선자이거나 위대한 성자, 둘 중 하나다. 내가 밥을 먹거나 안 먹는 게 끝없는 우주의 창조주이신 하나님의 영광에 눈곱만큼이라도 영향을 줄 수 있겠는가?

내가 열심히 한 만큼 하나님께서 돌려주셔야 한다는 미국판 '다른 복음'은 실상은 전혀 복음이 아니다. 다른 복음이란 것은 없다 갈 1:7. 할례를 강요하는 소아시아판 다른 복음에 분개한 사도 바울은 단호한 어조로 선언했다. "여러분이 이미 받은 것과 다른 복음을 전하는 사람이 있다면, 그가 누구이든지, 저주를 받아야 마땅합니다" 갈 1:9.

이 미국판 다른 복음은 남의 나라 이야기가 아니다. 내 모습이고 내 이웃의 모습이고 더 나아가 한국 교회의 모습이다. 내 노력으로 사다리를 한 계단 올라가면 하나님과 그 만큼 더 가까워졌다고 믿는 것이 우리의 자화상이 아니던가. 그러나 피조물과 창조주의 간격이란 끝이 없는 것이어서, 우리의 노력이란 우주에 떠도는 미세 먼지에 불과하다. 개미의 본성도 모르는 우리가 감히 하나님의 뜻을 꿰뚫어 이런 저런 축복을 주셔야만 한다고 지껄일 수 있겠는가.

사막의 구도자들도 나름대로 '다른 복음'에 현혹되었다. 이 복음은 철인조차도 결국 인간적 독선에서 자유로울 수 없다는 것을 보여 준다. 사막의 구도자들은 가난과 독신 같은 것들에 지나치게 많은 가치를 부여했다. 예수께서 홀로 사셨으니 마 19:12 독신으로 사는 것을 잘못되었다고 할 수 없는 것처럼, 예수께서 가난을 명령하셨으니 마 19:21 그 말씀을 떠받드는 삶은 존중되어야 한다.

그러나 가난과 독신이 구원의 관문이라고 본다면, 이것은 사막의 신新 율법주의로 바리새파적 구舊 율법주의에 비길 만한 것이다. 그런 오만은 예수 그리스도의 복음과는 다른 복음이다. 이런 독선적 우월감에 도취된 자들이 없지 않았음에도 사막 기독교인들의 글을 다시 펼쳐 드는 것은 타산지석의 교훈으로 삼을 만한 그 무엇이 있기 때문이다.

••• 내 뜻이 살아 꿈틀거려 하나님을 빚진 자로 만든다면, 나는 내 욕망의 덫에 자진하여 결박당한 노예일 뿐이다. 그것은 '다른 복음'이다. •••

어떤 자들이 압바 마카리오스에게 "우리가 어떻게 기도해야 합니까?" 하고 물었다. 원로는 대답했다. "긴 말을 하지 말아야 한다네. 손을 들고 '주님, 당신께서 원하시고 아시는 대로 저를 불쌍히 여겨 주옵소서' 하고 말하게. 만약 영적 싸움이 계속 된다면 '주님, 저를 도와주옵소서!' 하고 말하게. 주께서 우리에게 적합한 것을 알고 계시므로 우리에게 자비를 베풀어 주실 것이네."

마카리오스는 자신이 하나님 앞에서 어떤 존재인지 잘 알고 있었다. 그래서 "주님, 저를 불쌍히 여겨 주옵소서" 하고 기도하거나 "주님, 저를 도와주시옵소서" 하고 기도하는 것으로 충분했다.

마카리오스의 기도문도 길었을까? 어릴 적 나의 어머니는 단지 "주님! 주님!" 하며 외마디 소리로 기도하신 것이 또렷이 기억난다. 1600년 전의 이집트 사막에서든 1600년 후의 한국 사회에서든, 자기의 모습을 깨달은 자들은 주님의 이름을 부르는 것만으로 족하고도 넘친다는 것을 알고 있었으리라.

　내 손으로 이룰 수 있다면야 구태여 기도까지 할 필요가 없지 않은가. 우리가 갈망하는 그분 앞에서는 내 땀과 노력은 다 부질없는 것이 된다 엡 2:8-9. 내가 내 뜻을 접을 때 비로소 진정한 나로 돌아간다. 내 뜻이 살아 꿈틀거려 하나님을 빚진 자로 만든다면, 나는 내 욕망의 덫에 자진하여 결박 당한 노예일 뿐이다. 그것은 '다른 복음'이다.

소유욕이라는
이름의 죄

어린 시절 내가 태어나고 자란 강원도 산골의 예배당에는 "네 시작은 미약하였으나 네 나중은 심히 창대하리라" 개역개정, 욥 8:7 라는 문구가 붙어 있었다. 나의 모교회뿐 아니라 1980년대를 전후한 시대에는 많은 교회가 이 구절을 표어로 내걸었다. 이 구절은 욥의 친구 빌닷이 욥을 책망하는 중에 한 말이다.

빌닷은 욥의 자식들이 지은 죄가 커서 버림받았고 욥이 부정했기에 벌을 받는 것이라고 주장한다. 아울러 욥이 깨끗하고 정직하면 처음에는 그의 가정이 보잘 것 없겠지만 나중에는 크게 될 것이라고 인과응보론을 펼친다 욥 8:6. 하지만 인과응보는 의인의 고난이나 십자가 수난을 조금도 설명할 수 없다. 그러니 빌닷이 하나님께 책망 받는 것은 당연하다 욥 42:7. 전후맥락을 살펴보면 분명히 부적절한데도 빌닷의 말을 뚝 떼내어 표어로 삼은 것은 왜일까?

하박국의 기도를 생각해 보면 답을 찾을 수 있다. "여호와여 주는 주의 일을 이 수년 내에 부흥하게 하옵소서"개역개정, 합 3:2. 교회나 기도원 건축, 총동원 전도나 신자 배가 운동 등에 몰입하던 시절, 하박국 3장 2절은 힘에 부치거나 능력을 넘어서는 일을 믿음에 의지해 이루고자 했던 자들의 염원을 담아냈다. "잘 살아 보세"로 표현되는 경제성장의 시대와 맞물려 하박국 3장 2절은 교회의 플랜카드에 장식되곤 했고 이런 맥락에서 욥기에 나오는 빌닷의 말도 두서없는 인기를 누렸던 것이리라. 그러나 장기간의 저성장이나 장차 마이너스 성장까지도 각오해야 할지도 모르는 이 시대에 저런 구절들이 예전 같은 지지를 받기는 쉽지 않다.

시대가 다르면 말씀도 달라진다. 7-15세기까지 중세 서방 교회의 바탕이 되었던 말씀을 꼽으라면 마태복음 16장 16-19절을 들어야 한다. 베드로의 신앙고백 위에 교회를 세울 뿐 아니라, 베드로에게 천국의 열쇠를 준다는 구절이다. 천국문의 열쇠를 갖고 있는 사도 베드로는 그리스도의 교회를 세운 로마 교회의 지도자였고 로마에서 순교했다. 따라서 베드로의 도움으로 천국문을 통과하려면 베드로의 지상 후계자들인 로마 교종교황의 권위를 따라야 한다.

중세 기독교는 마태복음 16장 16-19절을 근거로 이런 논리를 펴면서 교종의 지상권을 확립해 나갔다. '카놋사의 굴욕'에서처럼 군주가 교종에게 무릎 꿇고 참회했던 일화는 마태복음 16장 16-19절에 바탕을 두고 만들어진 역사의 일부이다. 이 구절에 바탕을 둔 중세의 우매한 믿음은 콘스탄티누스 황제가 교종에게 엄청난 규모의 땅을 수여했다는 '콘스탄티누스의 증여' 같은 날조된 문서를 역사적 사실로 받아들여 교종이 왕처럼 통치하는 지역을 만들어 내는 데 일조하기도 한다.

말씀이 달라지면 시대도 달라진다. 베드로 수위권마 16:16-19 위에 세워진 중세의 철옹성을 마르틴 루터가 깨부수는 데는 "오로지 믿음에 근거하여"롬 1:17라는 말씀 한 구절이면 충분했다. 루터 이후 개신교는 500년 동안 로마서 1장 17절을 성경 속의 성경으로 삼아 개인의 믿음이라는 영혼의 힘에 최상의 가치를 부여했다. 이로써 종교개혁은 개인을 중시하는 근대문명의 초석을 놓았고, 이는 교회의 가르침에 절대권을 부여하던 중세 교권주의 사회와는 그 뿌리부터 다른 것이었다.

사막 구도자들이 생겨나던 4세기에는 어떤 구절이 시대의 말씀이었을까. 놀랍게도 "네 소유를 팔아서, 가난한 사람들에게 주어라. 그리하면, 네가 하늘에서 보화를 차지하게 될 것이다. 그리고, 와서 나를 따라라"마 19:21는 말씀이다. 4세기의 유명한 인물이나 기독교 지도자들치고 마태복음 19장 21절에 영향을 받지 않은 자가 없다. 그런데 이 말씀이 요구하는 복음적 가난을 가장 순수하게 실현하고자 했던 사막의 구도자들은 곧 사라졌다. 수도원이 존속하여 오늘날까지 내려오지만 아이러니하게도 수도원은 언제나 부유했다.

순수한 의미의 복음적 무소유, 혹은 복음적 가난이 사막에 그림자만 비치고 사라진 것은 소유욕이라는 이름의 죄 때문이다. 복음적 무소유란 원죄 이전의 에덴동산에서나 가능한 것이다. 에덴의 낙원에서는 땅과 바다와 하늘과 그 속에 속한 모든 것은 하나님의 것이었다. 하지만 에덴에서 쫓겨난 인간은 소유욕이 불러온 파국을 막기 위해 사유재산제를 만들 수밖에 없었고 오늘날 우리도 원죄의 결과로 만들어진 '내 것'의 맛을 느끼거나 탐닉하며 살고 있다. 이런 입장에서 나로서는 마태복음 19장 21절의 말씀이 실낙원을 가리키는 에덴의 등불이라고 본다.

••• 에덴에서 쫓겨난 인간은 소유욕이 불러온 파국을 막기 위해 사유재산제를 만들 수밖에 없었고 오늘날 우리도 원죄의 결과로 만들어진 '내 것'의 맛을 느끼거나 탐닉하며 살고 있다. •••

그렇다면 오늘날 우리 시대의 말씀은 무엇이어야 할까? 시대의 말씀은 그 사회를 반영한다. 우리가 사는 곳을 평화롭게 만들어 줄 수 있는 말씀, 우리 마음을 깨끗하게 정화시켜 줄 수 있는 말씀, 그런 말씀이 우리 시대의 등불이 되기를 간절히 소망한다.

Chapter **02**

먹을 것과
입을 것

영성의 길은 멀리 외딴 곳에
숨겨져 있는 것이 아니라
밥 한 술에 감사하는 데에서
시작한다.

파 비빔밥 이야기

　초등학교 4, 5학년 때가 아닐까 싶다. 우리 집에서 가까운 곳에 할머니와 단 둘이 살던 친구가 있었다. 한번은 그 친구 집에 들렀는데 그때의 기억이 지금도 생생하다. 때는 마침 점심시간이었는데 할머니가 친구에게 점심을 차려 주고 있었다. 친구는 상도 없이 대충 부엌에 걸터앉아 점심을 먹었는데 나는 거기서 깜짝 놀라고 말았다.

　할머니는 커다란 대접에 보리쌀이 잔뜩 섞인 밥을 가득 담았다. 그러고는 대파를 꺼내어 숭숭 썰어 밥 위에 휙 하니 뿌리고는 간장을 한술 둘러 주는 것이었다. 나는 어릴 적에 생파를 무척 싫어해 콩나물 무침 등 반찬에 섞여 있는 파를 애써 골라내고서야 밥술을 들곤 했다. 나는 속으로 '설마 저 생파를 그냥 먹지는 않겠지' 하고 생각했지만, 내 예상은 빗나갔다.

　'저걸 어떻게 먹어? 김치도 없어?' 달걀 프라이가 싫다고 음식 투정을 부리던 어린 나였으니 이런 의문이 든 것은 어쩌면 당연한 일이었다. 하지만 그 친구는 숟가락을 들더니 "할머니, 그런데…" 하고 대화를 나누면서 맛있게 밥을 먹었다. 할머니도 손자와 다정하게 대화를 이어 갔다.

오직 파와 간장으로만 버무려진 비빔밥, 그것조차 맛나게 먹으며 밝게 웃던 친구의 명랑함과 할머니의 사랑스런 눈길. 이런 것이 얽히고설켜 내 기억 속에 소리 없이 담겨 있었다.

그러다가 어른이 되어 기독교 영성을 공부하던 내게 '파 비빔밥'에 대한 기억은 슬그머니, 하지만 강렬하게 되살아났다. 파 비빔밥 이야기가 새삼스러운 것은 "영적 삶이란 먹고 입는 것에서 출발한다"는 초대교회 이집트 사막 기독교인들의 확신 때문이다. 우리가 의식주의 문제를 신앙과 별개의 것으로 간주하는 것과 달리, 사막의 기독교인들은 먹고 입는 것에서 영성이 출발한다고 보았다.

혹자는 이런 태도를 놓고 사막의 수도자들이 기독교적 율법주의자들과 무엇이 다르냐고 반문할지도 모르겠다. 우리의 신앙적 잣대로는 사막의 수도자들이 율법적으로 보이는 측면도 있다. 예를 들어 사막의 기독교인들은 고기를 입에 대지 않았다. 음식에 관해 까다로운 규정을 고수했던 유대교도 정결함과 부정함을 기준으로 먹을 수 있는 고기와 금해야 할 고기를 구별해 놓았다.[레11] 그런데 사막의 기독교인들은 고기 자체를 금했으니 유대교보다 더 엄격한 음식 규정을 고수한 셈이다.

321년, 파코미오스는 고대 이집트의 파라오가 다스리던 테바이드 지역에 최초의 기독교 수도원을 창시했다. 파코미오스의 스승, 팔라몬에 얽힌 일화가 있다. 팔라몬은 엄격한 기도 생활로 몸을 혹사하여 그만 중병을 얻었다. 왕진 온 의사는 간이 안 좋으니 푹 쉬고 음식을 잘 섭취해야 한다는 처방을 내놓았다. 제자, 파코미오스는 스승을 위해 정성스레 고기 수프를 준비했다. 그러나 수프를 맛 본 팔라몬은 수프에 고기가 들어 있는 것을 알고서 거절했다. 그리스도께서는 자신을 위해 십자가에 못 박히셨는데 그깟 건강을 되찾자고 고기를 먹을 수는 없다는 이유에서였다.

팔라몬은 오히려 의사의 처방을 무시하고 몸을 더 혹사하며 기도와 금식에 매진했고, 결국 얼마 지나지 않아 세상을 떠나고 말았다. 십자가의 고난을 자신의 육체로 채우고자 하는 팔라몬 식의 고난의 신학은 비합리적일 뿐 아니라 자학적이다.

팔라몬과 달리 후대의 수도자들은 몸의 건강을 중시했다. 몸이 아프면 기도할 수 없다는 이유에서였다. 1970년경, 사막 수도자들의 거주지에서 소금에 절인 생선 같은 저장음식이 발견되었다. 본래 수도자들은 물에 불린 콩을 익혀 단백질을 보충했지만, 그것으로 충분하지 못했던 것 같다.

육식을 금하는 사막 기독교인들의 식이요법은 새로운 율법주의이다. 하지만 음식을 적당히 섭취하되, 특히 '맛'을 따지지 않아야 한다는 사막의 식이요법에 대해서는 찬성표를 던져 주고 싶다. 피오르라는 이름의 수도자는 서서 왔다 갔다 하며 음식을 먹었다. 맛에 너무 집착하지 않으려는 이유에서였다. 맛을 느끼지 않으려고 음식을 서서 먹었다니 이 또한 지나치다. 맛이 있거나 없거나에 무관하게, 싱겁거나 짜거나 개의치 않고 감사함으로 양식을 받는 태도라면 적당하겠다.

이집트 사막 교부의 모습, 6세기, 런던 대영박물관, 사진 남성현.

우리 사회에서는 음식맛도 이데올로기인 것 같다. 맛집이니 손맛이니 하는 표현이 있는 것을 보면 맛을 중시하는 것이 분명하다. 프랑스에서 요리사 자격증을 딴 후 그곳의 별 세 개짜리 유명 레스토랑에서 디저트 담당으로 일하는 한 인 청년과 이야기할 기회가 있었다. 그 청년은 자신이 일하고 있는 레스토랑의 주인이 강조하는 것은 맛이 아니라 위생이며, 식당 위생을 소홀히 하면 유명 레스토랑의 상징인 별을 잃는 것은 시간문제라고 했다. 조미료나 합성첨가물의 사용도 결국 맛을 구하려다 우리 스스로 걸려든 올가미다.

••• "'파 비빔밥'조차 감사의 눈물로 받을 수 있다면 하늘의 힘을 알게 되리라." •••

우리는 팔라몬처럼 극단적으로 맛을 멀리할 수는 없을 것이다. 하지만 파 비빔밥이라도 준비해 준 손길에 감사하며 맛있게 먹을 수 있다면 얼마나 행복하겠는가. 괴테는 눈물을 흘리며 빵을 먹어 보지 못한 사람은 하늘의 힘을 알지 못할 것이라고 했다. 나는 괴테의 말을 이렇게 되받고 싶다. "'파 비빔밥'조차 감사의 눈물로 받을 수 있다면 하늘의 힘을 알게 되리라."

잡념을 정화하는
마른 밥

　사당동에 살 무렵이다. 아내는 성장하는 아이들에게는 매일 붉은색 고기를 먹여야 한다고 이야기했다. 이유인즉슨 막내가 자주 가던 사당동의 한 유명 소아과에서 철분 섭취를 위해 매일 붉은색 고기를 먹여야 한다고 말했다는 것이다. 나는 어떻게 매일 소고기를 먹을 수 있겠느냐고 반문했다. 그러자 아내는 도리어 모르는 소리 하지 말라면서, 조금이라도 매일 소고기를 식탁에 올리지 못한 엄마로서의 부주의를 자책했다.
　아내가 매일 소고기 반찬을 만들든 안 만들든 그건 아내의 주권에 달려 있다. 하지만 평소에 다니엘과 세 친구가 채식만 하고도 육식을 했던 페르시아 청년들보다 건강했다는 것을 여러 번 강조한 아내가 그런 주장을 하는 것에 웃음이 나왔다. 인간은 본래 모순 덩어리인 게다. 그런데 얼마 전 신문 보도에 붉은 색 고기를 매일 먹는 것은 건강에 좋지 않다는 기사가 나왔다.

　나는 어떤 음식이 특별히 몸에 좋다는 견해를 잘 받아들이지 않는다. 프랑스 스트라스부르 유학 시절, 속이 안 좋아 의원을 찾은 적이 있다. 프랑스인 의사는 나를 보더니 쌀을 자주 먹는 것은 몸에 안 좋으니, 쌀 대신 빵을 먹으라고 했다. 나는 그 의사의 말을 선뜻 받아들일 수 없었다. 빵은 아침 식사로 먹는 바게트로 충분했다. 굳이 점심과 저녁까지 빵을 챙겨 먹고 싶지 않았다. 우리나라에서는 소화기 계통에 문제가 있으면 밥을 규칙적으로 먹고 밀가루 음식은 가급적 피하라고 하지 않던가.

　그 당시 스트라스부르에 잠시 유학을 왔던 대학 후배는 베이징에서 어학연수를 할 때 겪은 일을 들려주었다. 소화가 잘 안 되어 의사를 찾았는데, 만두를 먹으면 소화가 잘된다고 권했다는 것이다. 프랑스 의사는 빵을 권하고 중국 의사는 만두를 처방하며 우리나라 의사는 밥을 주장하니, 어떤 음식이 무조건 좋거나 나쁘다고 생각하는 것은 편견에 지나지 않는 것 같다.

　특정 음식의 과용이나 결핍은 오히려 건강에 문제를 일으킨다. 돌아가신 어머니는 살아 계실 때 소금을 줄여야 한다고 생각했다. 그런데 줄여도 너무 줄인 것이 문제였다. 어머니가 병으로 사투를 벌이실 때 병원에서는 소금을 따로 처방해서 끼니마다 소금이 식판에 따라 나왔다. 인체 내에 염분이 부족해서 소금을 따로 먹어야 한다는 것이었다.

　한편, 아버지는 콜레스테롤을 두려워하셔서 평소에 돼지고기는 물론, 새우나 오징어도 피하셨다. 병원에서 혈액 검사를 하면 콜레스테롤 수

프랑스 리옹 시립도서관에 소장된 16세기 화가 요한 새들러(Johan Sadeler)의 작품 〈에바그리오스〉이다. '사막의 철학자'라고 불리는 현자, 에바그리오스가 독수처에서 저술에 몰두하고 있다. 멀리 여러 수도자들의 수실이 보인다. 그림 아래쪽에는 다음과 같은 글귀가 라틴어로 적혀 있다.
"에바그리오스는 거룩한 말씀의 신탁으로 가르침을 받고 영원한 법으로 가르침을 받았다. 그리하여 그는 거룩한 삶을 위한 구원의 계명과 마귀에 대항해서 싸울 수 있는 무적의 무기를 우리에게 주었다."
http://evagriusponticus.net/images.htm

치가 부족하곤 했다. 콜레스테롤이 부족하면 우울증이 생길 수도 있다고 한다. 아니나 다를까, 아버지는 한동안 우울증 약을 복용하셨다.

기독교적 식습관이 있다면, 그것은 주어진 음식을 감사함으로 받는 것이 아닐까 생각한다.딤전 4:4. 나는 세계 어느 나라에 가든 음식 때문에 힘들어하는 일이 거의 없다. 왜냐하면 음식을 맛이 있다, 없다의 개념으로 받아들이지 않기 때문이다. 음식을 먹는 행동은 나에게 기도와 비슷한 무엇이다. 때문에 김치가 없다고 밥을 못 먹는 법도 없고, 쌀밥이 없다고 아쉬워하지도 않는다. 밥이 없으면 국수를 먹고, 국수도 없으면 빵을 먹는다. 따뜻한 밥이 없으면 식은 밥이나 마른 밥, 그것도 없다면 마른 빵이라도 좋다.

··· 말라 버린 밥을 감사함으로 받을 줄이야 알지만, 어떻게 하여야 사랑에 이를 수 있을 것인가? ···

특별히 굳은 밥이나 마른 빵도 마다하지 않는 것은 마른 음식에 특별한 효능이 있다고 생각하기 때문이다. 마른 것을 입에 넣고 한참 동안 씹으면 잡념이 사라지면서, 마른 밥이 소화액에 섞이는 장면이 떠오른다. 마른 음식은 음식을 씹는 데 집중하게 하고 이런 집중을 통해 잡생각이 사라지며 정신이 맑아진다. 내 말이 거짓인지 아닌지는 꼬들꼬들한 밥 한 공기를 놓고 직접 실험해 보면 알 수 있을 것이다.

음식에 감사하는 법은 철이 들면서 기독교적 가치관 아래서 배운 것이지만, 마른 음식이라도 달게 받는 것은 최근 몇 년 사이에 배우고 깨달은 것이다. '사막의 철학자'라고 불리는 에바그리오스가 남긴 수수께끼 같은 말 덕분이다. 에바그리오스는 "더 마른 음식을 규칙적으로 먹는 일에 사랑이 더해지면 수도자는 더 빨리 평정_{apatheia}의 항구로 인도 받는다"고 말했다.

사막의 기독교인들은 올리브유는 물론 신선한 채소류, 그리고 구하기는 어려운 소금에 절인 생선도 마다하지 않았다. 탄수화물의 섭취는 주로 빵을 통해 이루어졌는데, 사막의 특성상 일 년에 몇 차례 많은 양의 빵을 구워 저장한 후 식사 때마다 물에 불려 먹었다. 저장된 빵은 건조한 기후 때문에 돌처럼 딱딱하게 굳는다. 아마도 '더 마른 음식'이란 물에 불리되 덜 불린 빵을 뜻할 것이다.

돌처럼 딱딱하게 굳은 빵을 물에 덜 불린 상태로 규칙적으로 먹는 일에 사랑이 더해지면, 그 영혼은 평화스런 상태에 빨리 도달한다는 것이 에바그리오스의 가르침이다. 마른 음식을 감사히 여기고 은근하게 씹어 먹는 것에는 잡념을 정화하는 기능이 있으니, 여기에 사랑까지 더하면 영혼은 필시 고요와 평화의 상태에 이를 것이다.

하지만 나로서는 아직 가야 할 길이 요원하다. 여하한의 밥이라도 달게 받는 법은 배웠으나, 아직 사랑이 미치지 못하여 영혼이 동요하는 까닭이다. 나의 영혼은 탄식한다. 말라 버린 밥을 감사함으로 받을 줄이야 알지만, 어떻게 하여야 사랑에 이를 수 있을 것인가? _{롬 7:24}

정결한 음식과
부정한 음식

    2012년 6월초, 나는 워싱턴에 있는 미국 가톨릭 대학_{Catholic University of America}의 학술 대회에서 논문을 발표했다. 이 학술 대회의 기조 발표자는 캘리포니아 대학교의 다니엘 보야린_{Daniel Boyarin}이라는 유대인 학자였다. 보야린 교수는 유대인이지만 공관복음 연구로 널리 알려진 학자다.

    보야린 교수와 이야기를 나누다가 그의 며느리가 한국인이라는 사실을 알았다. 유대인 시아버지는 며느리를 무척 사랑스러워했다. 그의 며느리는 김치를 잘 담가서 자신도 김치를 즐겨 먹는데 며느리가 김치를 담글 때에는 레위기 11장의 음식 조항을 준수하여 젓갈 종류는 절대 넣지 않는다고 했다. 내가 유대인이라고 해서 레위기의 정결례 조항을 다 지키는 것 같지는 않다고 말했더니, 보야린 교수는 그런 유대인들이 분명 있다면서 그들은 '(유대교적) 영성이 없는 자들'이라고 딱 잘라서 대답했다.

우리는 음식과 신앙을 별개로 여기는 기독교적 토양 위에 살고 있다. 음식은 감사하는 마음으로 받으면 된다는 정도다 딤전 4:4. 반면 유대교는 음식에 아주 민감한 종교다. 레위기 11장에는 먹어도 되는 음식과 먹지 말아야 하는 부정한 음식의 종류가 상세하게 나열되어 있다.

정결한 음식과 부정한 음식이라… 음식 때문에 몸과 영혼이 더렵혀진다는 생각은 오늘을 사는 우리에게는 낯설지만, 고대 이스라엘에서는 아주 소중한 가르침이었다. 하나님이 거룩하신 것처럼 선택받은 백성도 거룩해야 하기 때문에 이것저것 함부로 먹어 몸을 더럽혀서는 안 된다는 것이 그 핵심이다 레 11:45-47.

식사는 하나님과 교제하는 행위다. 따라서 하나님과 교제하는 식탁에 오르는 음식은 엄격한 규정에 따라 준비되어야 한다. 가축을 도살하는 칼은 날카로워야 하고, 고기는 피가 남지 않도록 30분 동안 물에 담근 후 소금에 한 시간 정도 절여야 한다. 달걀은 둥글고 타원형으로 가지런한 모양이어야 하고 피가 묻어 있으면 안 된다. 새끼를 어미젖에 삶지 말아야 한다는 규정(출 23:19)은 고기와 유제품을 함께 먹는 것을 금하는 전통으로 발전했다. 이 때문에 고기를 다루는 칼과 도마가 별도로 있어야 하고, 유제품을 다루는 주방기구도 따로 있어야 한다. 오늘날의 유대인들은 음식 규정을 지켜야 천국에 간다고 믿는다.

유대교의 음식 규정이 역사 속에서 발전된 건 이해할 수 있지만 우리가 그 규정을 받아들일 수도, 그럴 필요도 없다. 이해와 수용은 별개의 문제다. 김치에 새우젓을 넣는다고 하나님의 백성에서 버림받을 리는 없지 않은가. 소고기버거에 치즈를 한 장 올려 먹는다고 천국에 못 간다고 가르치는 건, 트림을 했다고 지옥에 가라는 것과 다르지 않다. 그럼에도 불구하고 나는 유대교의 음식 규정에서 특별한 효용성을 발견한다.

••• 영으로 구원받기 위해서는 육체 안에 사는 동안 육을 잘 길들여야 하고, 육체를 길들이기 위해 육식을 금했던 것이다. •••

몬트리올에 우리 가족이 살고 있는 집에서 100m 남짓 떨어진 곳에 제법 규모가 되는 유대인 회당이 있다. 길 건너 구역이 몬트리올의 유대인 거주지인 꽃생뤽 Côte-Saint-Luc이니 유대인 회당이 코앞에 있는 것도 이상하지 않다. 오사마 빈 라덴이 테러 대상을 지목하면서 거명했던 유일한 집단 거주지로도 알려져 있는 동네다. 그런데 나는 금요일 저녁과 토요일 아침에 유대인 회당을 드나드는 사람 중 여태껏 뚱뚱한 사람을 보지 못했다. 그럴 수밖에 없는 것이 유대교 특유의 영성을 지키는 자라면 비만이 될 수 없기 때문이다. 유대인들은 탄수화물이나 단백질에 대한 규정뿐만 아니라 음료수에 대해서도 엄격한 규정을 지킨다. 깨끗한 주스나 생수를 마실 뿐 탄산음료나 콜라조차 입에 대는 법이 없다. 내 딸 아이의 같은 반 친구 중에 유대인 소녀가 있는데 콜라를 마시면 지옥에 간다고 알고 있다. 이런 정도의 영성이라면 오히려 비만에 걸리는 것이 비정상일 게다.

사막 기독교는 유대교와는 다른 방향에서 음식의 영성을 다듬어 갔다. 사막 기독교의 창시자인 안토니오스는 음식을 분별하지 못하면 몸이 요동치게 되고 결국 지성 知性이 어두워져 그리스도를 바라볼 수 없다고 하였다. "먹고 마심을 통해 뜨거워진 피가 몸을 자극해서 동요를 일으킨다"고 하면서 따라서 술 취하지 말아야 한다㈜ 5:18고도 했다. 알코올 외에도 육식이 금기 사항이었다. 병에 걸린 자라면 고기 요리를 대할 수도 있었지만 평소에는 삶은 콩 정도가 단백질 섭취의 주요 통로였다. 영으로 구원받기 위해서는 육체 안에 사는 동안 육을 잘 길들여야 하고, 육체를 길들이기 위해 육식을 금했던 것이다.

하지만 이런 오랜 전통은 오늘날 더 이상 유효하지 않다. 프랑스 스트라스부르에서 유학하던 시절, 수도자들의 초대를 받은 적이 있다. 거기에서 맛본 돼지고기 뒷다리 요리는 혀에서 살살 녹는 감칠맛이, '이게 과연 돼지고기일까' 싶을 정도로 일품이었다. 이제 육식을 하거나 안 하거나 하는 것이 영적인 삶을 담보해 준다는 생각은 하지 않아도 될 것 같다. 그럼에도 음식을 분별하지 못해 몸을 요동치게 한다거나 몸이 음식의 노예가 된다면 그것은 안타까운 일이다. 사막 기독교가 추구했던 것처럼 소박한 음식으로 몸을 길들이는 법을 배우지 않고서는 영적인 삶이란 것도 요원할 것이다. 사막 기독교가 갖고 있던 음식과 몸과 영적인 삶의 이런 연관은 오늘을 사는 우리에게도 시사하는 바가 있지 않을까?

식탐과 교만의
한끝 차이

　나는 교만한 사람일까, 아닐까? 다소 생뚱맞은 질문 같다. 하지만 중요한 질문이다. 사막 기독교의 전통, 아니 2000년 역사의 기독교 전통 자체가 교만을 가장 큰 악덕으로 보았기 때문이다.

　사막 기독교인들에게는 얼마나 교만한지를 재어 보는 척도가 있었다. 바로 음식이다. 음식을 불평하면 교만한 자이며, 반대로 음식을 감사히 여기면 그만큼 겸손한 자였다. 음식에 대한 태도와 교만이 영적으로 깊은 연관이 있다는 직관은 사막의 철학자, 에바그리오스의 글에도 나온다. 에바그리오스는 사막에 살면서 기독교인들의 오랜 영적, 심리적 경험을 학문으로 정립한 인물이다.

　에바그리오스는 아담과 하와의 타락 이야기를 통해서 탐식이 교만을 불러들인다고 설명한다. 선악을 알게 하는 나무는 "먹음직도 하고 보암직

1592년에 코스넬리스 판 하를렘(Cornelis van Haarlem)이 그린 〈인류의 타락〉(The Fall of Man)이다. 하와는 유혹의 눈짓으로 은밀하게 아담에게 자그마한 선악과를 건넨다. 선악의 나무 위에는 의인화된 뱀이 두 번째 선악과를 또다시 하와에게 내밀고 있다. 유혹하는 하와의 몸은 주변보다 밝게 처리되어 부각되어 있다.
http://commons.wikimedia.org/wiki/File:Cornelis_van_Haarlem_-_De_zondeval.jpg

도 하고 탐스럽기도" 하였다. 뱀은 이런 선악과를 먹는다면 "눈이 밝아져 하나님과 같이" 될 것이라고 유혹하였다. 이처럼 탐식과 교만은 최초의 유혹인 동시에 타락의 원인이었다.

에바그리오스는 이렇게 썼다. "(더 맛있는 것을) 먹고자 하는 욕구가 불순종을 낳았다. 달콤함을 맛보고자 한 것이 천국에서 쫓겨나게 했다." 먹고자 하는 욕구는 몸에서 나오는 것인데, 몸의 욕구를 방치한 결과 원(原)인간 아담과 하와는 교만에 빠져 낙원에서 쫓겨났다. 교만은 근원적인 악이며 사탄의 맨 처음 싹이다.

이런 사막 전통에서 보자면, 음식을 놓고 불평하는 사람치고 교만하지 않은 자가 없다. 자신이 얼마나 교만한지를 재어 보려면 자신의 음식 먹는 태도를 관찰해 보면 된다. 맛있는 음식을 대하면서 맛있다고 하는 것은 당연하다. 또 짜다, 싱겁다 하는 정도의 사실판단이라면 별로 문제될 것도 없다.

그런데 음식이 자신의 입맛에 맞지 않는다고 하여 '왜 이렇게 짜니, 싱겁니' 하는 짜증 섞인 목소리를 내기 시작하면 이야기가 달라진다. 그런 사람은 머지않아 30여 가지 음식으로 차려진 뷔페에 가서도 먹을 것이 없다고 푸념할 것이다.

음식을 불평하는 그 순간 교만의 악덕이 들어와서 영혼을 사로잡는다. 그런 영혼은 불만의 칼을 뽑아 들고 난도질할 태세로 으르렁거리지만, 실제로는 교만이라는 쇠사슬에 묶인 포로일 뿐이다. 한 술 밥 때문에 악한 자에게 영혼을 넘겨서야 되겠는가.

이집트의 사막에 살던 기독교인들은 과격한 식이요법도 마다하지 않았다. 파코미오스라는 청년은 스승 팔라몬을 모시고 이집트의 테바이드에 살았다. 어느 부활절 아침에 파코미오스는 스승을 위해 특별한 음식을 준비했다. 특식이라야 평소에 먹던 채소에 올리브

••• 영성의 길은 멀리 외딴 곳에 숨겨져 있는 것이 아니라 밥 한숟에 감사하는 것에서 시작한다. •••

유를 뿌린 정도에 지나지 않았다. 그런데 스승 팔라몬은 올리브유가 들어간 샐러드를 보더니, "예수 그리스도께서 십자가의 고통을 겪으셨는데 이런 음식으로 어찌 혀끝에 쾌감을 주겠는가" 하고 탄식하며 눈물을 흘렸다.

이어 팔라몬은 파코미오스에게 물을 가져오라고 하였고, 채소 그릇에 물을 부어 둥둥 뜨는 기름을 따라 버린 후에, 한 줌 재를 휙 뿌리고서야 비로소 먹기 시작했다. 올리브유를 버린 것도 성에 안 차 재를 뿌린 것은, 채소의 맛을 아예 없애 버리기 위함이었다. '온갖 양념'으로 묘미를 좇는 우리의 음식문화에서는 재를 뿌려 음식 맛을 없애는 사막 기독교인의 행동이 이상한 나라의 이야기로만 들린다.

그럼에도 나는 팔라몬에 얽힌 일화를 통해서 한 가지 교훈을 얻고자 한다. 그것은 음식에 대한 태도와 기독교적 삶이 연결되어 있다는 것이다. 사막에 살던 기독교인들은 음식에 대한 태도와 기독교 신앙 사이에 깊은 연관이 있음을 처음으로 역설했던 자들이다. 〈사막 교부들의 금언집〉두란노 아카데미, 2011 중 많은 금언이 음식에 대한 신앙인의 태도를 다룬다. 식탁 앞에서 유창하게 감사의 기도를 한 후 찬을 놓고 불평스레 왈가왈부하는 것

은 음식을 주신 하나님 앞에서는 어리석은 짓이요, 요리를 한 사람 앞에서는 그를 무시하는 태도다. 마른 밥이라도 달게 씹고 김치 국물이라도 진수성찬인 줄 알고 감사해야 십자가에 달린 그리스도를 바라보는 참 신앙인이 아니겠는가. 아무려면 그 옛날 팔라몬이 먹었던 물 먹은 채소에 한 줌 재를 뿌린 것보다야 그 맛이 덜할까.

 영성의 길은 멀리 외딴 곳에 숨겨져 있는 것이 아니라 밥 한 술에 감사하는 데에서 시작한다. 성경말씀 한 구절이 새삼스럽게 다가온다. "모든 일에 감사하십시오. 이것이 그리스도 예수 안에서 여러분에게 바라시는 하나님의 뜻입니다" 살전 5:18.

40년에 한 번
빨아 입은 옷

　언젠가 텔레비전 의류 광고에 "옷 잘 입는 남자가 성공한다"는 멘트가 등장한 적이 있다. 십수 년도 훨씬 전의 광고인데 아직도 또렷이 기억에 남아 있는 것을 보면, 매출을 떠나서 대중을 사로잡는 데는 성공한 광고가 아닌가 싶다.
　그런데 이 광고 카피처럼 노골적으로 외모를 찬양하는 광고는 우연히 등장한 것이 아니다. 대학을 졸업한 지 얼마 안 되어 유명 백화점에 입사한 친구가 있었다. 그 친구는 산뜻한 넥타이에 깔끔한 셔츠를 받쳐 입고 출근하면 직장 상사 앞에서도 자신감이 생기고 뿌듯한 느낌이 든다고 했다. 반면에 후줄근한 셔츠에 밋밋한 넥타이를 맨 날이면 왠지 자신이 초라해 보인다고 했다.
　이렇게 자신감과 자존감을 잉태하는 신묘(神妙)한 코디네이션으로 옷을 입던 친구는 승승장구하여, 남들이 보기에 성공이라면 성공이라고 할 수 있는 자리에까지 올라갔다. 그러니 "옷 잘 입는 남자가 성공한다"는 광고 카피는 그런 인물 군群의 공감된 경험에서 나온 것인지도 모른다.

깨끗하고 단정한 외모는 동서양을 막론하고 단아한 인간상의 외적 기준으로 손꼽힌다. 하지만 옷을 단정하게 입어야 한다거나 깨끗하게 입어야 한다는 인류 복식服式 문화의 기본조차 헌신짝처럼 내던져 버린 자들이 있었으니, 바로 사막의 구도자들이다. 이집트 사막 수도자들의 아버지로 추앙 받는 안토니오스는 105세로 세상을 떠날 때 겉옷으로 입던 가죽옷을 한 벌 남겼다. 그의 전기 작가는 안토니오스가 그 옷을 40년 이상 입으면서 '한 번 정도' 빨았을 뿐이라고 써 놓았다. 가죽 옷이니 잘 헤어지지 않는다 해도 한번밖에 세탁하지 않았다면 땀 냄새가 얼마나 진동을 했을까. 그뿐 아니다. 안토니오스는 평생 동안 목욕을 하지 않았고 발도 물에 담그지 않았다.

그리스도의 도道를 닦던 자들은 옷을 '깨끗하게' 입거나 몸을 '단정하게' 하는 것은 허례허식이자 가식이라고 보았다. 겉모양을 번드르르하게 장식하면 할수록, 속마음이 악하고 못된 것에 지배당한다고 생각했기 때문이다. 그래서 수도자들은 치장이나 외모에는 신경을 쓰지 않고, 오로지 어떻게 하면 자신의 내적 동요動搖, pathos를 제거하여 고요와 평정平靜, apatheia에 이를 수 있을까에 착념했다.

370년, 프랑스의 남부도시 투르Tours에서 있었던 감독주교 선거에서는 "외모에 부심하라"마 11:8 참조는 사막의 지혜가 사람들의 마음을 움

직인 일이 있다. 젊은 시절부터 그리스도를 따라 살려고 노력한 마르티누스Martinus라는 자가 투르에 살고 있었다. 투르 사람들은 마르티누스의 덕德에 매료되어 그를 투르 교회의 감독으로 세우려고 했다.

하지만 감독 선출권을 쥔 이웃 도시의 감독들은 마르티누스가 투르의 감독으로 뽑히는 것을 강하게 반대했다. 그 이유는 마르티누스가 "초라한 몰골에 더러운 옷과 헝클어진 머리를 한 사람"이었기 때문이다. 예수 그리스도를 본받아 자주 금식했으니 피골이 상접하여 모양새가 말이 아닌 것은 당연했다.

그리스도가 겪으신 십자가의 고초를 생각하면, 탕 속에 들어가 따스한 물의 촉감을 피부로 만끽하는 것은 가당치 않은 일이었고, 옷을 세탁하거나 머리를 감아 뽐내는 것은 마음의 중심을 보시는 하나님 앞에서 무의미한 행동이었다. 그러나 아무리 그렇다고 해도, 아마 우리 같았어도, 노숙자 몰골을 한 마르티누스를 커다란 도시의 영적 아버지로 선택하지는 않았을 것이다.

그러나 진실한 민심은 현자賢者를 알아보는 법이다. 권력자들의 반대에도 투르의 시민들은 노숙자 몰골의 마르티누스를 감독으로 뽑았다. 그의 지저분한 외모에 주목한 것이 아니라, 그의 내면세계에 녹아 있는 정신의 기품과 영적 깊이를 흠모했기 때문이다.

프랑스에서 수도원 공부를 한창 하던 무렵, 나는 4세기 그리스도인들의 흉내라도 좀 내어 보겠다고 여러 가지 원칙을 세웠다. 그 중 하나가 정장을 하복과 동복 각 한 벌씩만 두고 구두 한 켤레로 사는 것이었다. 이런 맹랑한 도전은 "다만 신발은 신되, 옷은 두 벌 가지지 말라고" 하신 말씀^{막 6:9}을 받은 4세기 기독교인들을 모방해 보겠다는 결심에서였다.

말씀에 따른 삶에 뿌듯해 하던 어느 날, 내 꼴을 보다 못한 아내가 일침을 놓았다. 한 켤레 구두에 그렇게 뿌듯해할 것 같으면 구두를 여러 켤레 두고 뿌듯해하지 않는 것이 낫다는 것이었다. 아내의 말이 옳았다. 학위를 마치고 서울에 돌아온 다음에는 비 오듯 흐르는 땀에 옷이 절어 여름 양복을 한 벌 더 장만해야 했다. 캐나다 몬트리올 대학의 초청 연구원 시절에는 영하 20도를 오르내리는 강추위에 두툼한 겨울 정장과 가죽 코트도 갖추었다.

••• 옷이 좋다고 뽐낸다면, 옷이 얼마짜리라고 자랑한다면, 십자가 앞에서 부끄러운 삶이다. •••

이렇게 해서 나의 각오는 수년 만에 해프닝으로 일단락되었다. 나 자신은 우스꽝스러운 촌극을 연출하는 데 그쳤지만, 그럼에도 4세기 기독교인들의 외양에 무심한 태도에는 여전히 배울 점이 많다고 생각한다. 옷이 많다고 뿌듯해한다면, 옷이 좋다고 뽐낸다면, 옷이 얼마짜리라고 자랑한다면, 십자가 앞에서 부끄러운 삶이다.

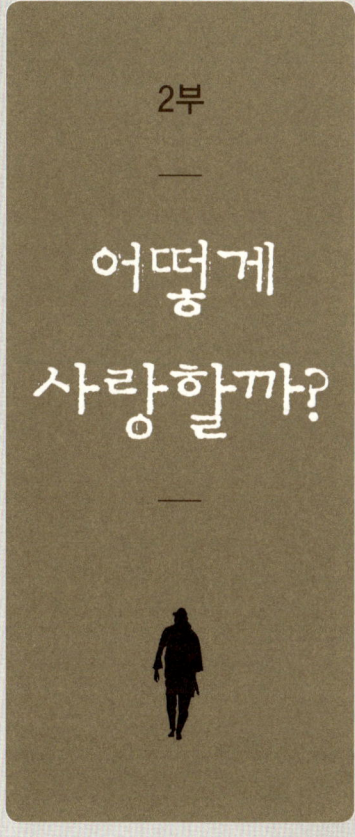

2부

어떻게 사랑할까?

Chapter

03

결혼과
가족

"우리는 타인의 고통을
전혀 알지 못한다. 나는 너를 평가하고
너는 나를 평가할 뿐이다.
그러면서도 우리는 모두
마음속으로 울고 또 운다.
우리는 조심스레 무관심이라는
가면을 쓰고 서로를 스쳐 지나간다.
당신의 고통이 내 고통을 건드리니
내 마음은 당신의 마음과 같이 아프다."

"아빠, 엄마 얼굴이 생각 안 나"

영국의 여왕, 엘리자베스 1세 1558-1603는 45년이라는 오랜 기간을 '처녀 국왕'으로 통치했다. 그런데 몇 남자가 그녀의 품을 거쳐 갔다고 하니 연인이 없었던 것도 아니다. 하지만 엘리자베스는 나랏일 앞에서 사사로운 연정을 짓이겨 버릴 수 있는 차디찬 철의 여인이었다. 연인들이 권력에 너무 가까워졌다고 판단하면 유배하거나 단두대에서 처형하는 일은 시간 문제였다.

일천 년 영국사에서 가장 훌륭한 왕으로 기억되는 엘리자베스 여왕이 사랑은 하되 결혼을 거부한 일에 대해서는 견해가 분분하다. 엘리자베스의 가계를 보면 결혼을 거부한 것이 이해될 법도 하다. 아버지인 헨리 8세는 도합 여섯 번의 결혼을 했는데 이 숫자는 결혼 생활이 행복하지 못했음을 상징한다. 엘리자베스를 낳은 두 번째 부인, 앤 볼린 Anne Boleyn 은 아늘을 낳지 못했다는 이유로 헨리 8세의 사랑을 잃고 간통혐의로 참수되기에 이른다.

이복 언니인 메리 튜더Mary Tudor가 왕위에 오르자 엘리자베스는 런던탑에 갇혀서 언제 죽을지 모르는 불안한 나날을 보냈다. 메리 튜더는 "피에 젖은 메리"Bloody Mary라고 불릴 정도로 잔인했지만 차마 여동생을 죽이지는 못했다. 몇 년 후 메리 튜더가 세상을 떠나고 엘리자베스가 왕위에 올랐다.

왕실 결혼이 빚어낸 비극적 삶의 현장 한복판에 있던 엘리자베스가 왕이 된 후에 결혼을 거부한 것은 당연한 일인지도 모른다. 영국을 조그만 섬나라에서 대제국으로 만든 엘리자베스는 "나는 국가와 결혼했노라"고 외치면서 일평생을 독신으로 지냈다.

나는 국가나 어떤 이념, 이상과의 결혼을 말할 정도의 위인은 못 되어 한 여자와 결혼해서 평범한 삶을 영위하고 있다. 결혼 전후를 비교해 보면 눈에 띄게 다른 것이 하나 있는데, 바로 아내의 잔소리다. 고등학교 시절부터 외지로 나와 독립적으로 생활했는데 결혼을 하니 매사를 아내와 상의하고 때로는 격론에 설전까지 벌여야 했다. 그런데 이상하게도 승전보다 패전이 압도적이었다. 다행인 것은 나의 패배가 대개는 나를 이롭게 하거나 적어도 해가 되지는 않았다는 점이다.

얼마 전, 목이 짧은 양말을 손수 사서 신고 다니다가 아내와 한바탕 토론을 벌여야 했다. 물론 우리의 양말전戰은 모름지기 목이 적당한 양말을 신어야 한다는 결론에 이르렀다. 아내의 설명이 옳다. 양복 정장을 입

결혼과 가족

은 신사라면 목이 짧은 양말을 신어서는 체면이 서지 않는다. 내 나이 오십 줄을 바라보는 데도 양말 하나 제대로 구색을 못 갖추니 아내가 속이 탈 것이다. 그러나 나에게도 변명의 여지가 있다. 원래 나는 양말의 목이 짧거나 긴 것에 전혀 관심이 없다. 잘못이 있다면, 어

••• 자연본성에 따르되 그 본성에 매몰되지 말아야 하고, 생의 동반자에게 사랑과 신의와 성실을 다하지만 그것에 갇히지 말아야 한다. •••

느 날 우연히 내 눈에 목이 짧은 양말이 들어와서 내 손이 그걸 골라 집은 것뿐이다.

　사랑과 결혼의 서약을 이루는 일은 누구나 할 수 있지만 결혼 생활을 유지하는 데는 신의가 뒤따라야 한다. 딸아이가 4학년 때쯤, 여러 이유로 그 아이만 데리고 유럽의 박물관을 돌아야 했다. 집을 떠난 지 3주 만에 동양인이라고는 한 명 없는 중세풍 도시, 이탈리아 라벤나에 도착했다. 고색창연한 중세 도시 라벤나에서 우리는 낯선 고립감을 느꼈다.

　딸아이는 대뜸 "아빠, 엄마가 어떻게 생겼는지 기억이 잘 안나" 하고 말했다. 나 역시 아내의 얼굴이 잘 기억나지 않았다. "애야, 아빠도 엄마 얼굴이 잘 떠오르지 않는구나." 우리는 호텔에 도착하자마자 허둥지둥 노트북을 켜고 바탕화면에 아내의 사진을 깔아 놓았다. "잘 봐라. 엄마는 이렇게 생겼다." "아! 엄마가 이렇게 생겼었지." 우리 부녀는 한바탕 웃으며 바탕화면 속 여인의 얼굴을 바라보았다. 그때 내가 깨달은 것 한 가지는, 신의 있는 남편이 되려면 떨어진 지 3주가 되기 전에 컴퓨터 바탕화면에 아내의 사진 정도는 깔아 놓아야 한다는 것이다.

여왕 엘리자베스 1세. 엘리자베스 1세는 1558년 메리 튜더가 죽자 약관 25세의 나이로 국왕의 자리에 올라 오랜 기간 통치하며 영국을 부흥시킨다. 이 초상화는 왕위 대관식 때의 엘리자베스 모습을 그린 것으로 처녀가 왕이 될 경우 머리를 길게 풀어헤쳐야 한다는 왕실 전통을 따르고 있다.
http://ko.wikipedia.org/wiki/%ED%8C%8C%EC%9D%BC:Elizabeth_I_in_coronation_robes.jpg

그러나 나는 안다. 엘리자베스 여왕의 국가와의 결혼이나 우리의 평범한 결혼 모두 우리 삶을 온전하게 만들어 주지는 못한다는 것을 마 19:21 참조.

결혼을 중세 천주교의 성례전에서 격하해 시민법의 영역으로 옮긴 종교개혁자, 루터 역시 이점을 분명히 했다. 사막의 구도자들은 그리스도와의 영적 결혼에 최고의 가치를 부여했다. 영적 결혼이란 그리스도의 말씀을 무한히 신뢰하는 태도다. 자연본성에 따르되 그 본성에 매몰되지 말아야 하고, 생의 동반자에게 사랑과 신의와 성실을 다하지만 그것에 갇히지 말아야 한다. 그리스도의 말씀을 믿고 신뢰하는 자라야 그리스도와 한 영이 된다 고전 6:17. 그리스도와 영으로 하나가 되어야 이성간의 사랑조차 더욱 진실해지고 결혼 서약도 더 짙은 약속이 된다 엡 5:28.

사랑에
질리게 하다

　　파울로 코엘료가 쓴 〈베로니카, 죽기로 결심하다〉문학동네, 2001에 이런 내용이 나온다. 에두아르드라는 유고슬라비아 청년이 있다. 에두아르드의 아버지는 명석한 두뇌의 아들이 자신처럼 외교관이 되길 원한다. 어느 날 에드아루드는 사고로 입원한 병원에서 우연히 성자들에 관한 책을 손에 넣는다. 그리고 자아 속에 숨어 있던 열망을 일깨운다.

　　에두아르드는 거룩한 자들이 보았던 환상과 중세에 자주 그려진 천국의 환영을 그림으로 표현하고자 했다. 퇴원한 그의 방은 천국에 관한 온갖 환상적인 그림으로 가득 채워져 갔다. 부모는 아들을 훌륭한 외교관으로 키우고자 했던 자신들의 열망이 무너질까 두려웠다.

　　초조해진 부모는 노련하고 집요하게 아들을 설득했다. 우선 공부를 하면 나중에 대도시에서 그림 전시회를 열어 주겠다고 타협안을 내놓았다. 그가 가난뱅이 화가가 된다면 엄마는 그를 제대로 교육하지 못한 죄책감에 평생 시달릴 거라고 위협하기도 했다. 갈등이 계속되던 어느 날, 결국 아들은 그림을 포기한다고 선언했고 부모의 눈에서는 기쁨의 눈물이 흘렀다.

다음 날, 아들의 방은 찢겨진 그림으로 온통 엉망이 되었고, 아들은 한쪽 구석에 쭈그리고 앉아 있었다. 놀란 엄마는 아들을 안으며 제발 자신의 사랑을 알아달라고 호소했다. 하지만 그 후 그들 사이에 대화는 불가능했다. 에두아르드가 부모의 '사랑에 질려' 그 사랑에 대해선 아무것도 알고 싶어 하지 않았던 것이다. 에두아르드의 유일한 탈출구는 자신의 열망을 스스로 꺾어야 하는 현실의 무대를 떠나 자기만의 세계 속에 갇히는 것, 정신분열증이었다. 에두아르드는 결국 정신병동에 들어간다.

이 이야기를 쓴 코엘료 역시 정신병원에 입원한 적이 있기 때문에 에두아르드의 이야기가 작가 자신의 경험이 아닐까 추측한다.

부모의 사랑에 질려 버렸다는 말, 아마도 천재 작가의 자전적 고백일지도 모를 그 말을 마음에 새기고 또 새겨 본다. 행여나 나 역시 아이들을 '사랑에 질려 버리게' 만드는 아빠일 수도 있다는 생각에서다.

첫째 딸은 초등학생 때부터 늘 애니메이션 감독이 되고 싶다고 말해 왔다. 딸의 원대한 포부 앞에서 나는 그 길이 배고프고 힘든 길이며, 아예 단 한번의 기회조차 없는 물거품 같은 것이라고 겁주기까지 했다. 또 "너 정도의 재능이면 좀 더 안전하고 편한 길이 있다"고 딸을 설득했다.

물론 딸아이가 순순히 설득당한 적은 없다. 얼마 안 있으면 대학에

진학할 나이인데도 여전히 딸의 방은 요정과 상상 속의 인물로 버무려진 동화 속 세계다. 유고슬라비아의 아빠와 한국의 아빠는 언어와 문화가 다른 데도 어찌 이리 비슷할까. 그러나 작년부터 나와 아내는 입장을 바꾸어 딸의 꿈을 꿈으로 놓아 주기로 했다. 한 인간의 미래를 장담할 수 없다면 꿈이라도 마음껏 꿀 자유를 주어야 한다는 생각에서다.

딸이 서래마을의 한 학교에 다닐 때 있었던 일이다. 한 아이의 엄마가 수학 시험에서 20점 만점에 14점을 받은 딸아이를 체벌한 다음 머리채를 잡아 아파트 문밖으로 쫓아냈다. 맨발로 쫓겨난 딸은 한동안 집 앞에 서 있어야 했다. 그런데 14점은 그 반의 최고점이었다.

나중에 그 사실을 안 그 아이의 엄마는 딸의 점수가 자랑스러웠던지 그 이야기를 내 아내에게 해주었고 내 귀에까지 들어왔다.

하지만 누가 그 엄마에게 돌을 던질 수 있을까. 자식이 질릴 때까지 사랑 아닌 사랑으로 옥죄는 것이 우리나라 부모의 자화상이 아닌가. 나는 하나님께 회개한다. 자식은 하나님께서 내게 맡긴 생명이라고 입술로 늘 고백해 왔지만 그건 가식어린 거짓에 지나지 않았다. 하나님께서 원하시는 대로 아이의 미래를 열어 놓는 것이 아니라, 내가 원하는 틀로 아이의 삶을 찍어 내길 바랐기 때문이다.

사막의 기독교인들도 사랑을 했지만 질리도록 사랑하지는 않았다. 그들은 사랑의 이름으로 타인을 구속하지도 않았고, 은혜를 핑계로 사람들에게 강요하지도 않았다. 사막의 교부들은 하나님 말씀조차도 감히 함부로 가르치려 하지 않았다. 가르치는 사람치고 그 가르침에 넘어지지 않는 자가 드문 까닭이다.

그들은 아랫사람이 질문해 와야 비로소 입을 열고 자신의 견해를 밝혔다. 형제들이 한 말씀 청하자 안토니오스는 이렇게 말했다. "자신의 의로움을 확신하지 말라." 사람들은 각자 자기가 옳다고 여기며 살아간다. 하지만 사막의 구도자들은 자신의 의로움을 늘 의심했고, 자신이 틀린 게 아닐까 항상 조심스러웠다. 그들의 사랑이 틀리지 않았다면, 그것은 늘 자신을 의심한 덕택일 것이다.

••• 그들의 사랑이 틀리지 않았다면, 그것은 늘 자신을 의심한 덕택일 것이다. •••

데카르트의 명제, "생각한다. 고로 나는 존재한다" cogito ergo sum 는 실상 사막 기독교의 영성에 빚진 것이다. "나는 (나 자신을) 의심한다. 고로 나는 (하나님 앞에) 존재한다." 나는 오늘도 사막의 이런 슬로건을 생각하며 걷는다.

혼인의
조건

나와 친분이 있는 한 목사님이 올 봄에 결혼식을 올렸다. 작년부터 한다는 것이 차일피일 연기되었고 꽃피는 봄에 이르러서야 비로소 오랜 독거 생활에 마침표를 찍은 것이다. 그 목사님이 혼자 살게 된 지는 20여 년이 넘는다. 첫 번째 혼인은 피치 못할 이유로 해소解消할 수밖에 없었고 이후 여태껏 홀로 살아왔다. 매서운 추위가 몰아치던 겨울을 지나 봄기운으로 천지가 새로워지는 때에 혼인을 했으니, 깊은 겨울과도 같았던 그의 인생도 봄날처럼 다시금 생동하기를 기도한다.

1540년 8월 초순, 스트라스부르에 살던 이델레트 드 뷔르Idelette de Bure라는 여인도 두 번째 결혼을 했다. 이델레트가 택한 두 번째 남편은 위대한 종교개혁자 칼뱅이었다. 이델레트의 첫 번째 남편은 장 스토르되르라는 인물로, 재세례파 지도자였던 것으로 추측된다.

이델레트와 장 사이에는 아이가 둘 있었고 그들은 가톨릭의 박해를 피해 개신교 도시였던 스트라스부르에 정착했다. 그때가 마침 칼뱅이 스트라스부르에서 프랑스인 망명자들을 위한 교회를 맡던 즈음이었다. 프랑스 출신인 이델레트는 남편과 함께 프랑스인 칼뱅이 목회하던 교회에 출석했다.

칼뱅이 제네바에서 추방되어 스트라스부르에 온 것은 1538년 가을경이었다. 칼뱅은 처음 몇 개월 동안 종교개혁자 마르틴 부처 Martin Bucer 의 집에 머물렀다. 도미니코회 수도사였던 마르틴 부처는 종교개혁의 대열에 합류한 후 1521년, 수녀 출신의 엘리자베스와 결혼했다.

이 시기에는 적그리스도가 타락한 수도사와 타락한 수녀 사이에서 태어날 것이라는 중세의 믿음이 아직도 살아 있었다. 로마 가톨릭은 종교개혁자들이 성적 쾌락을 위해 여자를 취한다고 격렬하게 조소하고 비아냥거렸다. 마르틴 부처는 이런 중세적 공격에도 아랑곳하지 않고 행복한 결혼 생활을 이어 갔으며 금실이 좋았던 둘 사이에서는 무려 열세 명의 자녀가 태어났다.

홀로인 데다가 건강까지 좋지 않았던 칼뱅은 마르틴 부처의 행복한 결혼 생활을 부러워했다. 칼뱅은 마르틴 부처의 권유로 결혼을 결심하고 1539년에 세 차례에 걸쳐 여자들을 소개받았다. 첫 번째 만남은 한 독일 귀족이 자신의 여동생을 소개한 것이었다. 하지만 가난한 종교개혁자와 화려한 귀족의 삶은 격이 맞지 않았다. 무엇보다 소개받은 여인은 프랑스어를 하지 못했다.

부부의 모습이 새겨진 4세기 초반의 석관이다. 부인은 오른쪽 손을 남편의 팔 위에 올려놓고 남편을 바라본다. 신의와 성실의 표현이다. 남편은 한 손에 두루마리를 들고 부인 쪽을 바라본다. 사랑과 건전한 교양을 은유한다. 바티칸 박물관. 사진 남성현.

스위스의 종교개혁자, 파렐Farrell이 중매한 두 번째 여자는 연상이라는 점만을 빼놓고는 적당해 보였다. 하지만 연상이라도 너무 연상인 것이 걸림돌이었다. 서른한 살의 총각이 소개받은 여인은 무려 마흔여섯 살이었다. 세 번째로는 칭찬이 자자한 프랑스인 여인을 소개받았으나 혼인에 이르지는 못했다.

••• 당사자 간의 자유로운 합의로 혼인이 성립된다는 가르침은 오늘에 이르러 당연한 가치가 되었지만, 500년 전 서양에서는 신학적 반성과 지난한 종교적 투쟁을 벌여서 얻은 인간의 기본권이었다. •••

그러던 중 1540년 봄, 전염병이 스트라스부르를 덮쳤다. 이델레트의 남편인 장 스토르되르도 이 전염병에 희생되었다. 이델레트의 헌신과 사랑을 지켜보았던 칼뱅의 가슴속에는 이후 그녀에 대한 애정이 싹터 갔다. 이를 눈치챈 마르틴 부처는 칼뱅에게 이델레트를 어떻게 생각하는지 물었고, 이후 둘 사이의 혼사는 빠른 속도로 진전되었다. 그해 8월, 파렐의 주례로 결혼식이 열렸다. 파렐은 69세의 나이에 이르러 결혼했는데, 그의 신부는 첫 번째 남편과 사별한 젊은 여인이었다.

1549년에 이델레트가 세상을 떠나기까지 칼뱅과 이델레트 사이에는 세 명의 아이가 태어났지만 모두 어릴 때 사망했다. 이들의 결혼은 사람들의 구설수에 올랐다. 특히 이델레트가 '창녀의 과거'를 가졌다거나 부도덕한 과거 때문에 아이가 없다는 모멸적인 인신공격이 일었다.

하지만 당시 재세례파의 결혼관은 혼인이 당사자들 사이의 자유로운 합의에 근거한다는 고전기 로마법적 전통에 충실한 것이었다. 이델레트와 칼뱅 사이의 애정도 흔들림이 없었다. 칼뱅은 1549년, 이델레트를 떠나보낸 뒤 슬픔에 잠겨 이런 편지를 썼다. "나는 가난한 삶과 죽음까지도 기꺼이 나누었던 생애 최고의 동반자를 떠나 보냈습니다."

결혼에 비해 독신이 우월하다는 사상은 초대교회 4세기 수도자들에 의해 탄생했다. 내가 이런 관점에 동의하지 않는 것은 인간 본성의 억압은 또 다른 일탈의 모태인 까닭이다. 이후 중세 로마 천주교는 혼인은 거룩하고 따라서 해소할 수 없다는 관점을 바탕으로 결혼을 성례전으로 만들었다.

하지만 종교개혁자들과 그들의 부인들은 독신을 찬양하고 결혼을 성례전으로 보는 중세적 억압에 반기를 들고 '과감하게' 혼인하면서, 혼인을 종교적 관점이 아니라 시민적 관점으로 다루기 시작했다. 두 번째 결혼의 배우자로 칼뱅을 택한 이델레트도 혼인을 당사자 간의 자유로운 합의로 보는 로마법적 전통의 기반에서 결단했다.

당사자 간의 자유로운 합의로 혼인이 성립된다는 가르침은 오늘에 이르러 당연한 가치가 되었지만, 500년 전 서양에서는 신학적 반성과 지난한 종교적 투쟁을 벌여서 얻은 인간의 기본권이었다. 500년 전 이델레트의 두 번째 결혼 생활이 행복했듯이, 오래도록 고민한 끝에 두 번째 혼인에 이른 그 목사님의 여생이 행복하기를 소망한다.

파니와 세바스티앙

올 봄에 몬트리올에서 손님이 찾아왔다. 파니Fannie와 세바스티앙Sebastian이다. 둘 다 박사 과정에 있는 학생이다. 파니의 배가 제법 불룩하게 나왔다. 임신 5개월이라고 했다. 파니의 남편인 세바스티앙은 훤칠한 키에 친절하고 상냥한 남자였다. 생화학을 전공하고 있으며 서울에서 열리는 국제학술 대회에서 발표할 예정이었다.

파니와 세바스티앙은 우리나라로 치면 법적 혼인 관계가 아니라 사실혼, 그러니까 동거 관계였다. 하지만 서양의 사실혼은 혼인 신고만 하지 않았을 뿐, 법적으로 아무런 차이가 없다. 두 사람은 몬트리올 주택의 2층에 살고 파니의 어머니는 아래층에 산다. 또 옆에는 파니 이모의 가족이, 그 아래층에는 파니 삼촌의 가족이 산다. 일가친척이 옹기종기 모여 사는 모습이 대가족이나 다름없다.

몬트리올의 항공기 제작기업인 봄바디어~Bombardier~에 근무하는 한인 집사님이 있다. 그 집사님에 따르면 회사 동료의 3분의 1 정도는 자녀가 있어도 혼인 신고를 하지 않고 산다. 왜 혼인 신고에 적극적이지 않을까? 가장 큰 이유는 혼인 신고를 하든 안 하든 법적으로 아무런 차별을 받지 않기 때문이다.

이러한 서양문화의 이면에는 고전 로마법의 "혼인은 당사자의 자유로운 합의~consensus~로 성립한다"는 개념이 도도히 흐르고 있다. 서로 사랑하고 존중하며 함께 살고자 하는 의지가 두 사람의 관계를 결정한다. 국가와 법은 이런 사적 관계를 보호할 뿐, 국가에 신고했는지 안 했는지로 차별하지 않는다.

고전기 로마법에 따르면 혼인은 당사자의 자유로운 합의로만 성립된다. 부모의 견해는 중요하지 않다. 자녀의 혼인에 합당한 이유 없이 반대하는 가부권자(아버지나 할아버지)는 총독 앞에 소환되기까지 했다. 고전기 로마법의 개념은 기독교 시대에도 여전했다. 〈시민법대전〉~Corpus Iuris Civils~을 편찬했던 기독교 황제, 유스티니아누스는 536년 로마법을 따라 "상호간의 사랑이 혼인을 만든다"는 아주 당연한 법을 공포했다. 혼인이 사랑과 존중으로 성립된다면 이혼은 어떨까? 합의로 맺어진 혼인이기에 합의가 깨지면 해소되는 것은 논리적 귀결이다.

그런데 11-13세기에 로마 가톨릭은 혼인을 성례전으로 만들고 교회법을 로마법보다 상위에 두기 시작했다. 혼인이 성례전적 결속이 된 결과, 로마법이 규정하던 이혼이나 재혼이 불가능해졌다. 배우자의 간음과 학대, 유기 등의 사유도 이혼의 조건이 되지 못했다. 만약 그런 일이 있을 경우, 중세 천주교는 부부의 별거를 명했다. 별거는 부부가 단지 침실과 식탁을 함께 사용하지 않는 것에 불과하지 이혼은 아니다. 이혼을 불가능하게 만든 교회법은 중세에 많은 혼란을 야기했다.

••• 혼인은 하나님께서 주신 자연적 제도이지 천국에까지 지속되는 제도는 아니다. •••

성례전적 결혼관이 중세를 지배했지만, 남녀 상호간의 의지로 혼인이 성립된다는 로마법의 전통은 변함없이 유지되었다. 당사자의 의지는 혼인 성립을 위한 유일한 요건이었다. 부모의 동의나 교회의 권위도 필치 않았다. 남녀가 단지 구두로 약속만 해도 혼인이 성립되었고, 형식상의 문서나 증언조차 불필요했다. 요컨대 중세의 혼인 역시 로마법의 오랜 전통에 충실했던 것이다.

루터를 비롯한 종교개혁자들은 성경 마 22:30 에 근거해, 혼인은 자연질서에 따른 남녀의 현세적 공동체라고 보았다. 혼인은 하나님께서 주신 자연적 제도이지 천국에까지 지속되는 제도는 아니다. 고로 혼인은 성례전이 아니다. 수도적 서언 이후에 혼인을 못하도록 금지한 중세 교회법은 반反성경적이고 비자연적이다.

하지만 이 시기에도 혼인이 남녀의 합의로 성립된다는 로마법의 전통은 흔들림이 없었고, 오늘날 서양 혼인법의 기본 이념이 되기까지 이르렀다. 따라서 국가기관에 혼인 신고를 했는지의 여부에 하등의 가치를 두지 않으며, 결합의사가 있는 남녀의 가정과 그 자녀는 아무런 차별 없이

로마 〈시민법대전〉을 편찬한 유스티니아누스 황제의 모습이다. 이탈리아 라벤나의 산 아폴리나레 누오보 교회에 남아 있는 모자이크이다. 540-550년경, 사진 남성현.

동등하게 보호된다.중세와 종교개혁 시기의 결혼제도는 김정우 교수의 숭실대학교 박사 논문 "루터의 종교개혁과 로마 가톨릭 교회법의 관계에 관한 연구"를 참조.

 6세기에 기독교 황제 유스티니아누스에 의해 편찬된 후, 성경에 근접하는 권위로 인정받은 〈시민법대전〉의 한 대목을 인용하고자 한다. "함께 산다고 해서 혼인이 성립되는 것이 아니라, 배우자간의 사랑이 혼인을 만든다"Digesta 24.1.32.13.

 그렇다면 부부 사이의 폭력은 어떠한가? 사실혼이든 법적혼이든, 함께 사는 남녀 사이의 폭력은 서양에서는 폭력에 관한 형법으로 처벌된다. 사랑해서 때린다는 것은 말이 되지 않는다. 사랑과 폭력은 양립불가이다. 부인은 한 남자의 아내이기 전에 하나님의 피조물인 한 인간이다. 서양에서는 폭행이나 위협을 동반한 부부 사이의 강제 성관계를 '부부강간죄'로 처벌한다. 우리나라 대법원도 지난 5월 16일, 부부강간죄를 인정했다. "배우자간의 사랑이 혼인을 만든다." 너무나도 평범한 이 로마법의 명제가 새삼스러운 요즘이다.골 3:19; 엡 5:28.

〈만 가지 슬픔〉과
펠르랭 장관

　책장을 넘기며 이렇게 눈물을 쏟기는 처음이었다. 엘리자베스 김이 쓴 〈만 가지 슬픔〉_{지니북스, 2008} 때문이었다. 저자가 겪는 불행 앞에서 내 번민과 고통은 사치에 불과했다. 학문이라는 이름의 지적 유희를 즐기고 가족의 달콤한 사랑을 맛보면서도 내가 처한 사치스런 모순 때문에 괴로워하던 나는 책장을 넘길 때마다 한없이 부끄러웠다.

　책의 첫 장면은 충격과 분노, 그 자체였다. 엄마는 미군 병사와의 관계에서 태어난 어린 딸을 대나무 광주리에 숨겼다. 어느 날 외할아버지와 외삼촌이 들이닥쳤고 어린 딸을 부잣집에 파는 것에 동의하면 지난날의 잘못은 용서해 주겠다고 했다. 엄마가 이를 거절하자 그들은 가문을 더럽힌 엄마를 서까래에 목매달아 죽였다.

　유교적 가부장제의 모순에 저항하던 한 여인은 이렇듯 남성 우월적

결혼과
가족

인 그릇된 가치관과 민족의 수치라는 병적 분노에 희생양이 되었다. 대여섯 살이나 되었을까 한 어린 딸은 대나무 틈 사이로 엄마의 죽음을 생생하게 목격했다. 자살로 처리된 엄마의 죽음 후, 아이는 고아원을 거쳐 미국의 기독교 가정으로 입양되었다.

입양된 지 얼마간의 시간이 흘렀다. 가족 성경공부 시간에 아이가 기도할 차례가 되었다. 아이는 하나님을 부르다가 울음을 터뜨렸다. 아이는 "엄마가 돌아가신 게 너무 슬퍼요!" 하고 외쳤다. "저도 곧 죽을 것 같아요. 엄마가 살아 계시다면 좋겠어요. 예수님이 다시 엄마를 데려올 수는 없나요?" 새아버지는 울음을 그치라고 화를 내었지만 아이는 복받쳐 오르는 슬픔을 주체할 길이 없었다. 새아버지가 사정없이 때리는 빰을 맞고서야 아이는 가슴으로 울음을 삭일 수 있었다.

새어머니가 말문을 열었다. "하나님께서는 고아원의 아이들 중 너를 선택하도록 우리를 인도하셨다. 네가 이런 식으로 나올 줄은 상상도 못했다." 엘리자베스의 양부모는 기독교적 신념이 강한 사람들이었다. 아버지의 경우, 불경스런 생각을 했다고 딸을 야단치면서도 밤이면 무릎을 꿇고 딸의 영혼을 위해 눈물을 흘리며 기도했다. 그러나 기독교적 경건과 자만심은 백인우월주의와 결합되어 어린 아이에게는 깊은 상처가 되었다.

엘리자베스의 삶은 불행했다. 성장해서도 늘 자신은 고통을 받기 위해 태어났다고 여기며 엄마가 돌아가시던 밤을 꿈꾸었다. 하지만 엘리자베스는 고통을 이렇게 승화했다. "우리는 타인의 고통 전혀 알지 못한다. 나는 너를 평가하고 너는 나를 평가할 뿐이다. 그러면서도 우리는 모두 마

87

음속으로 울고 또 운다. 우리는 조심스레 무관심이라는 가면을 쓰고 서로를 스쳐 지나간다. 당신의 고통이 내 고통을 건드리니 내 마음은 당신의 마음과 같이 아프다."

••• 우리는 조심스레 무관심이라는 가면을 쓰고 서로를 스쳐 지나간다. 당신의 고통이 내 고통을 건드리니 내 마음은 당신의 마음과 같이 아프다. •••

엘리자베스 김과 플뢰르 펠르랭의 삶은 낮과 밤처럼 서로 다르다. 펠르랭은 1973년에 서울에서 태어나 프랑스로 입양되었다. 사회주의적 가치를 지닌 부모 밑에서 훌륭한 교육을 받으며 자란 펠르랭은 현재 성공 가도를 달리고 있는 인물이다. 그녀는 현재 프랑스 중소기업 IT 혁신 장관이다. 얼마 전 나는 펠르랭이 우리나라를 방문했다는 뉴스를 접하고서 착잡해졌다. 세계 10위권의 경제 대국이면서도 세계 4-5위의 아이 수출국이라는 두 얼굴의 자화상이 부끄러운 것은 나만이 아닐 것이다.

내가 프랑스 스트라스부르에서 유학하던 시절에 만난 한국인 입양아들은 대개 불행했다. 나는 스트라스부르의 생 기욤 Saint Guillaume 교회의 보에 목사님과 몇 년 동안 친분을 쌓았다. 보에 목사님은 그 지역의 입양아 회장으로 1980년대에 서울을 방문했고 친아들을 하나 두었는데도 우리나라 여자아이 둘을 입양했다.

그 당시 큰딸은 스무 살이 넘었고 둘째는 열여덟 살인가 했다. 아이들은 오래 전에 입양되었지만 출생 후 우리나라에서 겪은 정신적 외상 때문인지, 목사님 부부의 삶은 한시도 평온할 날이 없었다. 큰딸은 대학생 때 가출하여 칠레 사람과 동거했는데 부모님 집에만 오면 물건을 훔쳐갔다. 둘째의 경우는 40세의 프랑스 남자와 사귀어서 부모에게 커다란 근심거리였다. 보에 목사님의 사모님은 둘째 딸이 사귀는 프랑스 중년 남자가 원하는 것은 사랑이 아니라고 분개했다. 딸이 속고 있는 것이 고통스러웠다.

　우리는 적어도 둘째 딸과 가깝게 지내고자 했으나 내면적으로 완전히 프랑스 사람인 둘째와 거리를 좁히는 것이 쉽지 않았다. 또 다른 친남매 입양아가 그 도시에 살고 있었는데 둘 모두 신경안정제를 복용하고 있었다. 우리 부부는 그들이 겪는 정체성의 혼란과 정신적 고통에 아무런 도움이 되지 못했다.

　아이를 버리도록 만드는 사회적, 문화적 편견과 그렇게 버려진 아이를 외국으로 보내는 국가적 허물 앞에서 나 자신부터 반성한다. 타인의 고통에 대한 무관심은 부메랑이 되어 결국 나와 나의 공동체로 되돌아올 것이다.

　버려진 아이를 돌보는 것은 기독교의 오랜 전통이 아닌가. 수도자이자 감독이었던 에우티미우스는 4세기 후반에 고아원을 세웠다. 이후 비잔틴 로마제국에서 수도원과 교회는 국가가 책임지지 못하는 아이들을 돌보는 주체가 되었다. 하지만 백 마디 말도 한 가지 실천과는 비교할 수 없다. 〈만 가지 슬픔〉에 눈물 흘렸다는 말조차 공허한 사치가 아닐까 싶다.

세상에서 가장
아름다운 꽃

　한 마을의 큰 성에 거인이 살고 있었다. 거인의 성에는 갖가지 꽃과 나무로 가득한 아름다운 정원이 있었다. 거인이 몇 년 동안이나 성을 비운 사이, 동네 아이들이 정원에 와서 놀곤 했다. 그런데 어느 날 거인이 성으로 돌아와서는 아이들을 내쫓았다. "이곳은 오직 나만의 정원이야!" 거인은 아이들이 들어오면 고발하겠다는 팻말까지 세워 놓았다.
　겁에 질린 아이들은 더는 정원에 찾아오지 않았다. 아이들이 오지 않자 정원에는 봄도 찾아오지 않았다. 다른 곳에는 봄이 오고 여름이 지나건만, 거인의 정원은 늘 눈보라가 휘날리고 우박과 서리가 내리는 겨울만 있었다. 자기밖에 모르는 사람에게는 봄이 찾아올 수 없었던 것이다.
　그러던 어느 날, 정원 담벼락 사이의 구멍으로 아이들이 들어와 놀기 시작했다. 그러더니 아이들과 함께 봄이 다시 찾아 왔다. 아이들이 앉아 있는 나무마다 푸른 잎사귀며 꽃이 만발했다. 구석에 있던 한 아이만은 유독 키가 작아 나무에 올라갈 수 없었다. 그 나무는 여전히 눈으로 덮여 있었고 위에서는 찬바람이 몰아쳤다.

그때 거인은 깨달았다. "정원에 봄이 안 온 이유를 알겠군. 내가 너무 이기적이었어." 거인이 다가가서 아이를 나무에 앉혀 주었다. 그러자 나무는 봄으로 변했고 새들이 찾아왔다. 거인은 커다란 해머로 담장을 허물어 정원을 열어 아이들과 함께 놀았다. 세월이 흘러 거인은 늙었고 안락의자에 앉아서 아이들을 바라보는 것으로 만족했다. 거인은 이렇게 말했다. "나한테는 꽃이 많지만, 가장 아름다운 꽃은 아이들이야."

그런데 이상한 일이었다. 거인이 나무 위에 올려 주었던 그 아이만은 그때 이후로 단 한번도 만날 수 없었다. 동네 아이들도 그 아이가 누군지 알지 못했다. 거인은 그 아이가 몹시도 보고 싶었다. 꽃이며 나무가 휴식에 들어간 어느 겨울날, 놀라운 일이 벌어졌다. 정원 후미진 곳에 나무 한 그루가 있었는데, 잎들이 반짝였고 빛나는 열매로 충만했으며, 그 아래에 거인이 다시 만나고 싶어 하던 아이가 서 있었던 것이다.

거인은 정원으로 달음질해 아이 앞에 섰다. 아이의 조그마한 손에는 못 자국이 있었고 발등에도 상처가 있었다. 거인은 분노하며 아이를 학대한 자를 칼로 동강내겠다고 소리쳤다. 아이는 이렇게 대답했다. "아니다, 이것은 사랑의 상처이니라. 그대는 언젠가 나를 그대의 정원에서 놀게 해 주었다. 오늘은 내가 그대를 나의 정원으로 인도하리라." 그날 오후, 아이늘이 정원으로 늘어왔을 때, 거인은 꽃이 만발한 나무 아래에서 죽은 채로

누워 있었다.

　이 이야기는 오스카 와일드의 〈저만 알던 거인〉분도출판사, 1977의 줄거리다. 나무와 꽃과 아이들이 어우러진 정원, 한 아이와 거인, 그리고 십자가 사랑의 흔적과 천국이라! 문학적 상상력도 놀랍고 신학적 은유는 더 놀랍다.

　나는 근래에 이르러 프랑스의 화가, 르동Redon의 작품을 좋아하게 되었다. 르동은 젊은 시절에 종교적 성향의 내면화를 많이 그린 화가다. 그런데 르동은 말년에 이르러 모든 것을 접고 꽃과 어린이들을 그리다가 생을 마감했다. '저만 알던 거인'이 꽃이 만발한 나무 아래에서 죽은 것처럼 내면화의 거장, 르동은 꽃과 어린이를 품에 안고서 세상을 떠났다. 꽃과 어린이가 닮은꼴이기에 가능한 일이다.

　인도의 시인이자 사상가인 타고르의 시도 한 편 떠오른다. 눈먼 소녀가 시인에게 다가와 꽃목걸이를 걸어 주었다. 시인은 눈물을 흘리며 시를 쓰지 않을 수 없었다. "네가 준 선물은 정말로 아름답다. 어여쁜 소녀야! 너는 꽃처럼 아름다운데, 꽃처럼 보지를 못하는구나. 나는 눈물을 흘렸습니다."황종건 역

　서양문화는 어린이를 인간의 꽃으로 본다. 그래서 무얼 하더라도 어린이에게는 예외적인 혜택과 우선순위가 주어진다. 하지만 고대 로마사회는 자식을 부모의 소유로 간주했다. 가부장의 권한은 절대적이어서 자식을 팔 수도 있고 신생아를 버리거나 죽일 수도 있었다. 이런 권한을 두고 로마법 학자들은 '가부장의 생사여탈권'이라고 했다.

결혼과
가족

　　가부장의 생사여탈권을 보여 주는 증거 자료가 있다. 기원전 1년 7월 17일에 작성된 유명한 파피루스 편지가 그것이다. 이 편지를 쓴 사람은 로마 병사로서 이집트 알렉산드리아에 파견 근무 중이었다. 그는 편지와 함께 봉급을 송금하면서 자기 아내가 딸을 낳으면 갖다 버리고 아들을 낳으면 키우라고 강조했다.

••• 서양문화는 어린이를 인간의 꽃으로 본다. 그래서 무얼 하더라도 어린이에게는 예외적인 혜택과 우선순위가 주어진다. •••

　　콘스탄티누스의 기독교 시대는 생명존중 사상에 입각해서 고대 로마의 절대적 가부장권을 금지했다. 아울러 콘스탄티누스는 어린아이를 영접하면 그것이 곧 그리스도를 영접하는 것이라는 말씀에 의지하여 마 18:5 313년 5월 13일에 어린이보호법을 공포했다.

　　이 법에 따르면 극도의 빈곤으로 아이를 양육하기 힘든 경우, 국고와 황실 재산을 털어서라도 아이의 양육에 필요한 음식과 옷을 제공하도록 했다. 몇 십 년 뒤에는 조티코스 Zoticos 라는 수도자가 콘스탄티노플에 유명한 보육원을 세웠다.

　　어린아이에 대한 애정 어린 서양의 기독교 전통을 보면서 부러움과 부끄러움이 교차한다. 어제오늘의 이야기가 아닌 우리 사회의 아동 학대는 언제쯤 먼 나라 남의 이야기가 될 것인가.

Chapter

04

사랑과 성

함께 죽는다는 것이 무엇일까?
사막의 구도자들은 함께 죽는다는
것을 '눈물'이라고 이해했다.
자기를 죽여 없애야 하지만 여전히
살아 있는 자아를 슬퍼하는 눈물이다.
자신을 벗어나 근원에 이르러야 하지만
여전히 자신에게 매몰되어 있음을
애통해하는 눈물이다.
그러기에 사막의 눈물은 죽기를 원하지만
죽을 수 없어 흘리는 죽음의 눈물이다.

비극의 숭고미, 좋은 사랑

우연한 기회에 "인당수 사랑가"라는 창작 뮤지컬을 두 번이나 보게 되었다. 이 창작극은 심청전과 춘향전을 뒤섞어 현대적으로 각색한 것으로, 우리 가락과 서양음악을 조화시켜 재미가 더했다. 극중에서 춘향이는 심봉사의 딸로 개작되고 춘향과 몽룡은 인당수에 몸을 던지는 비극적 주인공이 된다.

변학도의 캐릭터도 인상적이었다. 변학도는 인생의 허망함을 고뇌하다 춘향을 만나 생기를 되찾는 중년의 남성으로 분해, 권력을 미끼로 춘향에게 사랑을 구걸한다. "영원한 건 없어. 변치 않는 건 없어. (몽룡의) 그 사랑은 돌아오지 않아. 사랑의 약속이란 그저 사랑할 때의 약속일 뿐이야." 춘향은 오뉴월의 서릿발처럼 차디찬 냉혹함으로 변학도의 구애를 오히려 위협한다. "사또가 원하시는 게 뭔지 모르겠습니다. 그러나 사또의 뜻대로는 되지 않을 겁니다."

변학도의 행복론은 현실적이다. "평생 그 자를 혼자 사랑한다고 그게 널 행복하게 할 것 같으냐." 변학도의 현실론 앞에서 춘향은 가슴으로 사랑을 토해 낸다. "제가 양반 자제 넘본 게 죄라고 하셨죠. 도련님 과거 급제해 다시 돌아오기를 바라는 것도, 예, 죄입니다. 예, 다시는 그분 기다리지 않겠습니다. 이제야 그 헛된 꿈을 버리겠습니다. 하지만 아무도 몰래 아무것도 바라지 않고 도련님을 사랑하는 거, 그건 죄가 아니지요. 한 번 마음 열고 사랑한 사람, 한 번 마음 열고 새긴 그 이름, 이 마음을 어떻게 다시 닫아요? 언제 어떻게 닫는지 사또님은 아세요? 저는 그걸 모릅니다." 결국 '죽음처럼 강한 사랑' 때문에 춘향은 인당수에 몸을 던지고 뒤이어 이 비보를 들은 몽룡도 춘향을 따라 죽음을 택한다.

창작 뮤지컬 "인당수 사랑가"를 보면서 서양의 고전 비극 〈로미오와 줄리엣〉을 떠올린 것은 꼭 나만이 아닐 것이다. 캄캄한 밤 로미오는 담을 넘어가 줄리엣에게 '죽음처럼 강한 사랑'을 고백한다. "그대의 사랑을 받지 못하고 사느니 차라리 죽는 편이 나을 것이요." 누가 길을 안내했는지 줄리엣이 묻자 로미오는 이렇게 대답한다. "나를 안내한 건 사랑이요. 그대를 찾으라고 재촉한 것도 사랑이고 지혜를 빌려 준 것도 사랑이요."

셰익스피어의 극이 늘 그렇듯이 이야기는 빠른 호흡으로 전개된다. 줄리엣은 곧 결단한다. "운명을 송두리째 그대 발밑에 던지고 그대를 남편으로 삼아 세상 어디라도 따라가겠어요." 달빛 아래 방앗간에서 춘향과 몽룡이 비밀스레 혼인을 올린 것처럼 로미오와 줄리엣도 로렌스 신부 앞에서 비밀 결혼으로 부부의 연으로 들어간다.

그러나 우연한 살인으로 로미오는 추방령에 처해지고 줄리엣의 아버지는 딸이 파리스 백작과 혼인하도록 강권적으로 결정한다. 반면 줄리엣은 자신에게 몰아닥친, 죽음처럼 강한 사랑의 운명을 이렇게 예언한다. "신부님께서 맺어 주신 이 손이 다른 사람의 손과 다시 엮이고, 하나님께서 맺어 주신 마음이 다른 사람에게 넘어가느니, 차라리 단검으로 손과 마음을 다 없애 버리겠어요." 며칠 뒤 로미오는 결투 끝에 파리스 백작을 죽이고, 줄리엣 옆에서 독약을 마시고 자살한다. 연인의 주검 앞에 망연자실한 줄리엣은 로미오의 품에서 단검을 뽑아 사랑하는 자 위에 쓰러져 죽는다.

••• 자신을 벗어나 근원에 이르러야 하지만 여전히 자신에게 매몰되어 있음을 애통해하는 눈물이다. 따라서 사마의 눈물은 죽기를 원하나 죽을 수 없어 흘리는 죽음의 눈물이다. •••

아가서 8장 6절에 "사랑은 죽음처럼 강한 것"이라고 하지 않았던가. 그렇기에 "인당수 사랑가"나 〈로미오와 줄리엣〉에서처럼 사랑은 죽음을 몰고 올 수도 있으리라. "사랑은 죽음 같이 강한 것, 사랑의 시샘은 저승처럼 잔혹한 것, 사랑은 타오르는 불길, 아무도 못 끄는 거센 불길입니다"아 8:6. 사랑으로 인한 비극이 가능한 이유가 이 말씀에 있다.

그런데 기독교 복음이 이런 종류의 비극과 같은 뼈대를 갖고 있는 것이 놀랍다. 사랑의 하나님이 인류를 위해 죽으셨다는 것이 복음이고빌 2:6-8, 이 속에는 사랑으로 인한 죽음이라는 비극의 구조가 그대로 담겨 있다. 연인이 '함께' 죽을 때에라야 비극이 완성되듯 복음도 그러하다. 우리의 신앙이 비극과 유사한 것은 우리가 그리스도와 "함께 십자가에 못 박혀"갈 2:20 "함께 죽었기"롬 6:8 때문이다. '같이 죽는 것'은 비극적 사랑의 숭고한 근거가 된다.

함께 죽는다는 것이 무엇일까? 사막의 구도자들은 함께 죽는다는 것을 '눈물'이라고 이해했다. 자기를 죽여 없애야 하지만 여전히 살아 있는 자아를 슬퍼하는 눈물이다. 자신을 벗어나 근원에 이르러야 하지만 여전히 자신에게 매몰되어 있음을 애통해하는 눈물이다. 그러기에 사막의 눈물은 죽기를 원하지만 죽을 수 없어 흘리는 죽음의 눈물이다.

사막의 구도자, 압바 아르세니오스는 손노동을 할 때 눈에서 흐르는 눈물 때문에 일평생 가슴에 천 조각을 달고 살았다. 한 원로는 입김이 있는 곳 어디든지 눈물이 함께해야 한다고 했다. 나를 위해 자신을 버린 그리스도에게 이끌려 죽음처럼 강한 사랑아 8:6으로 자신을 버릴 때에야 나는 그리스도와 영으로 하나가 된다. 사랑하는 자와 '함께 죽는' 비극의 숭고미는 신앙과 예술에서 어쩌면 이렇게도 닮은 꼴일까.

'여자여, 그대 이름은 마귀이니'
_기독교의 여성 혐오 역사를 반성하며

　　기독교의 여성 혐오증은 기독교 자체만큼이나 오래된 것이다. 창세기에 나오는 하와의 타락은 여성을 경멸하고 혐오하는 교리의 근거였다. 그 원조는 사도 바울이다. 사도 바울은 고린도후서 11장 3절에서 "뱀이 그 간사한 꾀로 하와를 속인 것과 같이"라고 했다.

　　뱀에게 먼저 속은 것은 여자이고, 남자는 여자의 말에 넘어갔을 뿐이다. 하와가 속지만 않았어도 원죄는 없었고 낙원에서 추방되지도 않았으며 죽음도 없었을 것이다. 인류의 고통과 불행과 죽음의 모든 책임은 하와에게 있다. 원죄와 고통을 여자에게 덮어씌우는 사도 바울의 '원죄 신학'은 초대 기독교 저술가들에게서 흔하게 발견되며, 중세에는 더 극단적으로 강화되었다.

　　여성 혐오의 이데올로기적 근거는 구약에만 머물지 않았다. 예수께서 잡히시던 날 밤 대제사장의 하녀는 베드로에게 "당신도 저 나사렛 예수와 함께 다닌 사람이지요?"막 14:67라고 말하여 베드로가 주님을 부인하게 만들었다. 하녀는 하와의 모습과 겹쳐져서 여성 혐오의 근거는 더욱 견고해졌다.

예수에 대한 신의와 성실을 져버린 것은 근본적으로 베드로 자신의 문제였다. 베드로의 불신앙을 하녀에게 책임 전가하는 것은 여성을 지배하고자 하는 남성 저술가들의 편협한 사고에서 비롯된 것이다. 3세기의 신학자, 테르툴리아누스는 여자가 화장하는 것은 남자를 유혹하여 멸망시키기 위한 것이라고 비하했다.

인류의 절반이 여성이다. 여성이 없으면 인류가 존속할 수 없다는 의미에서 여자는 인류의 어머니다. 그런데 기독교 신학은 가부장적 지배를 견고하게 만드는 수단으로 신구약 성경을 악용했다. 하지만 더 큰 불행은 4세기에 시작된다. 1-3세기만 해도 뱀이 마귀이고 여자는 남자를 유혹하는 자에 불과했다. 4세기에 이르러 기독교는 아예 여성됨 자체를 마귀와 동일시했고, 이런 경향은 특히 수도주의 문학에서 두드러졌다.

수도자들이 기도에 전념할 때 마귀들이 여자의 모습으로 변장하는 것은 흔한 주제다. 안토니오스는 변장 정도가 아니라 아예 여자의 신체로 나타난 마귀와 싸워야 했다. 수도자들에게는 여자들과 우연히 마주쳐 지나가는 것조차도 큰 시험거리이자 구원의 걸림돌이었기에 길을 가다 여자를 보면 멀찌감치 피해서 지나가곤 했다.

여성을 마귀로 간주하고 두려워하던 수도자들의 신경증은 거꾸로 남자가 성적 본능 앞에 얼마나 나약한 존재인지를 보여 주는 증거가 된다. 〈사막 교부들의 금언집〉에서는 여성과의 일회적인 만남이 곧장 성관계로 이어지는 경우를 심심치 않게 발견할 수 있다.

••• 인류의 절반이 여성이다. 여성이 없으면 인류가 존속할 수 없다는 의미에서 여자는 인류의 어머니다. •••

한 남자가 물을 길으러 강에 갔다가 빨래하던 여인을 발견하고서는 곧장 성관계를 맺었다. 사막 깊숙한 곳으로 들어가 홀로 사는 명망 있는 구도자조차도 문을 두드리는 여자를 집안으로 들이면 성관계에 들어가는 것은 시간문제였다. 손으로 만든 물건을 시장에 내다 파는 기회를 이용해 유곽에 가서 매춘을 한 수도자의 이야기도 있다.

대부분의 수도자들에게 여자란 대화를 나누거나 삶의 이상을 공유할 만한 인격체가 아니라, 물리쳐야 할 사념의 대상이거나 즉흥적 성관계 이후 회개해야 할 기억 정도에 불과했다.

여자를 마귀와 동일시한 4세기 기독교의 '여성 마귀론' 신경증은 중세에 더욱 깊어져 마녀사냥으로까지 발전한다. 엘리트 지배 계급은 과부와 노파, 하층민 시골 여성 등에게 사회적 불안정을 전가했다. 수천, 수만의 하층 여성들이 마녀로 낙인찍혀 잔인한 고문 속에서 죽어 갔다.

종교개혁자 루터와 칼뱅이 결혼과 결혼 관계 속에서의 성(性)을 하나님의 축복으로 받아들이기 시작했지만, 주로 홀로 사는 하층 여인들을 겨냥한 마녀사냥에 개신교나 천주교가 별다른 차이를 보이지 않았다는 것이 놀랍다. 개신교와 천주교, 이 두 세력의 대결이 마녀사냥의 배후에 짙게 깔려 있었기 때문이다. 15세기에 서서히 막이 오른 마녀사냥은 종교개혁 시대 이후 본격적으로 불이 붙었고, 18세기에 가서야 계몽주의의 확산으로 종식된다.

　남녀평등의 개념이 현실적으로 확립되는 것은 여성 참정권의 확대나 남녀에게 평등한 재산상속법 등 권리 관계나 정의 문제에 기반을 둔 사회현상이었지, 기독교의 공헌은 아니었다. 남자만 사제가 될 수 있다는 천주교 신학은 중세 시대뿐 아니라 오늘날도 계속되고 있는 해괴한 미신이 아니던가.

　하지만 천주교의 미신만 지적할 것이 아니다. 오늘날 우리나라 개신교 안에 남아 있는 가부장적 남성우월주의의 잔재는 어떻게 할 것인가. 고아와 과부 등 사회적 약자의 하나님이 그 옛날 마녀로 낙인찍혀 억압 받던 여성의 하나님이 아닐 수 없다.

매춘은 과연 없어질 수 있을까

성매매특별법이 2004년 9월 23일, 전격적으로 시행되었다. 그로부터 거의 10여 년이 흐른 지금 '이 법이 과연 얼마나 실효적인가?'라는 질문에는 선뜻 긍정의 답을 내리기 어렵다. 성매매특별법과 현실의 괴리에 대한 전문가들의 의견을 듣기는 했지만 내가 시비를 가릴 수 있는 입장도 아니고 법 개정의 향방을 논할 수 있는 식견도 갖추질 못했다. 그러나 성매매 역사를 간략하게나마 스케치 해보는 것이 무익하다고 생각하지는 않는다.

고대 근동의 세계에서 매춘은 아주 일상적이었다. 종교가 매춘과 결합되어 있을 정도였다. 이집트나 고대 바벨론의 신전에는 아예 성교를 위한 방이 따로 마련되어 있었다. 구약성경에 자주 언급되는 바알 숭배나 아세라 숭배에서도 예배 의례로서 신전 매춘이 행해졌다. 왕상 14:24.

모세의 법은 제의적 매춘을 가증스런 것으로 엄격히 금지했으나 신 23:18, 이스라엘의 종교도 신전 매춘에 영향을 받은 것으로 보인다 삼상 2:22. 요시아 왕은 '주의 성전'에 있던 아세라 목상과 남창의 집을 깨끗이 없애 버렸다 왕하 23:6-7. 하나님의 성전에 남창의 집이 있었다니, 당시 유대교가 주변 종교의 신전 매춘에 얼마나 많은 영향을 받았는지 가늠이 안 될 정도다.

주변 종교의 영향 때문인지는 몰라도 구약성경에는 매춘이 다소 느슨하게 다루어진다. 유다는 스스럼없이 성매수를 하고 단지 화대를 지불하지 못해서 비난 받지나 않을까 염려했다. 유다가 창녀로 알고 관계를 가진 여인은 며느리, 다말이었다 창 38:15-23. 모세의 법은 딸을 매춘부 혹은 노예로 파는 것을 허용한다 출 21:7. 사사, 입다는 창녀에게서 난 아들이었는데 아버지의 유산을 상속하지 못한다는 점 외에는 특별한 차별이 없었다 삿 11:2. 삼손도 매춘부 집에 들락거리지만 별다른 비난을 받지 않았다 삿 16:1. 솔로몬의 유명한 재판은 갓난아이 하나를 놓고 두 명의 매춘부가 벌이는 다툼을 해결한 것이다 왕상 3:16-28.

반면 예수님은 매춘 자체를 용납하지 않으셨다. 예수님은 여자를 보고 음욕을 품는 사람은 이미 마음으로 간음한 것이라고 가르치셨다 마 5:28. 하지만 간음하다 현장에서 잡힌 여인을 돌로 치려는 군중을 향해 "너희 가운데서 죄가 없는 사람이 먼저 이 여자에게 돌을 던져라"고 하신 말씀 요 8:7 은 성매수를 일상적으로 삼던 유대인 남자들을 향한 질책으로 들린다.

사도 바울도 "창녀와 합하는 사람은 그와 한 몸이 된다는 것을 알지 못합니까?" 고전 6:16 하고 말하면서 매춘을 혐오했지만, 그의 외침도 성산업이 활개 치던 항구도시 고린도를 변화시키지는 못했을 것이다. 이 시대의 로마법은 남자들이 천한 계급의 여성과 성관계를 갖는 것을 폭넓게 허용했다. 예수님과 바울의 엄격한 가르침은 사회적 현실과 커다란 괴리가 있었다.

교회의 교사들은 4세기 이후에도 성매수를 금하는 설교를 계속했지만 사회적으로 매춘은 늘 용인되었다. 당시 로마법에 따르면 노예와 무희, 술집 여자 등 천한 계층의 여자와 성적 교섭을 하는 것은 형법상 범죄가 아니었다. 모니카는 젊은 아들, 아우구스티누스에게 여자들과의 성교를 금했지만 첩이나 창녀가 아닌, 기혼녀를 범하지 말라고 주의를 준 게 고작이었다. 기혼녀와의 성적 교섭은 형법상 범죄였기 때문이다.

아우구스티누스가 선택한 것은 일회적인 성매수 정도가 아니라 신분이 낮은 여성, 아마도 노예나 매춘부였을 두 여자와 차례로 내연관계를 맺는 것이었다. 파울리누스라는 이름의 교회 지도자는 젊은 시절에 부모가 신붓감을 찾아 주기 전까지 집안의 여자 노예와 잠자리를 같이 했다. 5세기, 아를의 한 설교가는 부인 없이 여행하면서 성적 방탕을 일삼은 것을 자랑스레 떠벌리는 교인들이 도망가지 못하도록 교회의 문을 잠그고 호된 설교로 훈계했다.

당시 유대인들도 사정은 별반 다르지 않았다. 한 유대인 아버지가 성행위를 잘 가르쳐 달라고 부탁하며 아들을 유곽에 맡기는 이야기가 탈무드에 나올 정도다.

〈사막 교부들의 금언집〉에도 매춘에 관한 내용이 여러 번 나온다. 기

유다와 다말. 1840년 호레이스 버넬(Horace Vernet)의 작품. 다말은 한쪽 젖가슴을 훤하게 드러낸 채 오른손을 내밀며 성매수의 대가로 무얼 줄 것인지 유다와 흥정하고 있다(창 38:16).
http://commons.wikimedia.org/wiki/File:Emile_Jean_Horace_Vernet_001.jpg

독교 신자인 한 여인이 매춘을 하여 얻은 수입으로 가난한 자를 도왔다. 그 여인은 아름다웠기에 부유한 연인을 많이 두었고, 점점 더 많은 자들을 도울 수 있었다. 압바 포이멘은 이 여인 안에 믿음의 열매가 있기 때문에 매춘한 것이 아니라고 두둔했다. 고대에서 당시까지 지속되던 신전 매춘의 맥락

••• 남자와 여자가 존재하는 한 매춘은 존속할 것이다. 성매수를 하는 남자와 그 수요를 채우기 위한 공급이 있기 때문이다. 이런 매춘의 경제학은 인류의 역사가 증명해 준다. •••

에서만 가능한 태도다. 이런 이야기는 매춘의 뿌리가 얼마나 깊은지를 역설적으로 보여 준다.

또 다른 이야기도 있다. 두 형제가 직접 만든 그릇을 팔기 위해 시장에 갔다. 그 중 한 형제가 도시의 유곽으로 가서 성매수를 하였다. 이 행위는 당시 법으로는 범법 행위가 아니었다. 하지만 하나님께 죄를 범한[고전 6:16] 이 형제는 우여곡절 끝에 회개하기에 이른다.

그리스도와 영적 혼인한 것을 자랑스러워하던 수도자들이 성매수를 했다는 이야기는 매춘이 없어지기 어려운 이유를 설명해 준다. 남자와 여자가 존재하는 한 매춘은 존속할 것이다. 성매수를 하는 남자와 그 수요를 채우기 위한 공급이 있기 때문이다. 이런 매춘의 경제학은 인류의 역사가 증명해 준다.

초대 기독교 시대는 물론이거니와 기독교의 영향력이 절정에 달하던 중세, 마르틴 루터를 시발로 한 종교개혁기에도 기독교는 매춘행위를 강력하게 질타하고 비판했다. 그러나 이런 설교적 이상과는 달리 매춘을 허

용하지 않던 시대는 없다. 인류 역사에서 법을 통해 매춘을 없애려는 시도는 언제나 실패에 직면했다.

　길고 긴 매춘의 역사는 무엇을 이야기하는가? 성매매특별법 정도로 매춘 행위를 근절할 수 있다고 믿는 것은 너무 안일한 자세다. 성매매는 몇 줄의 법조문으로는 결코 해결할 수 없는 인류의 난제다. 나 역시 아주 작은 아이디어 하나 내놓지 못하고 있다. 하지만 법을 만드는 사람들이 매춘에 관한 역사와 종교, 문화를 깊이 이해한다면, 적어도 근시안적인 처방은 피할 수 있을 거라 기대해 본다.

예수의 아내?
영지주의 문학의
끝없는 상상력

얼마 전, 자그마한 고문서 단편이 온 세계의 이목을 집중시켰다. 가로 7.6센티미터, 세로 3.8센티미터로 명함 크기 정도인 이 단편의 앞면에는 예수와 제자들의 대화가 4세기의 콥트 사이딕 방언으로 아홉 줄 정도 기록되어 있다. 이 문서 조각은 라디오와 텔레비전은 물론이고 내외신 보도의 광범위하고 집요한 관심사가 되어 세간의 말초신경을 극도로 자극했다. 4-5번째 줄의 내용이 워낙 충격적이었기 때문이다.

전체적으로 많이 훼손되었지만 네 번째 줄에 "예수는 그들에게 말했다. '내 아내가…'"라고 되어 있고, 다섯 번째 줄에 "그녀는 나의 제자가 될 수 있을 것이다…"라는 문장이 선명하게 보인다www.hds.harvard.edu. 하버드 대학교 신학대학원 교수인 캐런 킹 박사는 이 문서를 2012년 9월 18일 로마에서 열린 학회에서 세상에 알렸다. 영지주의 문학가들의 소설적 상상력이 뛰어나다는 것을 누구보다 잘 알고 있을 킹 박사는 이 문서의 제목을 "예수 아내의 복음"*The Gospel of Jesus's Wife*이라고 선정적으로 명명했다.

영지주의는 1-4세기의 혼합주의 종교운동으로, 자유로운 문학적 상상력을 토대로 엄청난 양의 종교 소설과 공상적 종교서를 쏟아 냈다. 영지주의는 문학적 상상력과 종교운동의 만남으로 생성된 것이다. 영지주의자들은 그리스 철학의 영과 육의 이원론을 극단적으로 받아들였고 그 바탕 위에서 그리스 로마 신화, 유대교 신화, 심지어 신구약 성경까지 뒤섞어 기이하고 야릇한 신화를 끝없이 창작했다. 디모데전서 1장 4절과 4장 7절 말씀은 영지주의 작가들이 창작하는 혼합주의적 신화를 언급하며 이를 무시해 버리라고 조언한다.

1945년 12월, 이집트의 나그함마디 Nag Hammadi 에서 4세기 중반에 필사된 많은 문학서가 발견됨으로써 영지주의 운동의 존재가 더욱 분명해졌다. 아쉽게도 이집트 농부가 필사본의 상당 부분을 불쏘시개로 사용하는 바람에 많은 분량이 손실되었지만 '대량 학살의 운명'을 가까스로 피해 살아남은 문서의 양도 방대하다. 열두 권의 두루마리가 남았는데 각 두루마리에는 3-7권씩 모두 52권의 책이 들어 있다. 신약성경이 27권의 책인 것에 비하면 영지주의 문학서들이 얼마나 방대한지를 알 수 있는 대목이다. 이집트 농부가 실수하지만 않았더라면 우리는 아마도 수백 권의 영지주의 문학서를 접했을 것이다.

영지주의자들의 문학작품은 주로 ○○복음, ○○묵시록 등의 제목으로 되어 있다. 빌립보복음, 도마복음, 베드로계시록, 바울계시록, 야고보

계시록 같은 것이다. 얼마나 자유롭게 상상의 날개를 펼쳤던지 도마복음의 저자로 제시되는 도마는 예수의 제자가 아니라 예수의 쌍둥이 형제로 되어 있다. 예수의 쌍둥이 형제 도마라니 우리로서는 황당하기 그지없는 설정이다. 하지만 영지주의자들은 이런 식의 창작을 기꺼이 즐겼다.

그들에게 역사적 사실이란 역겨운 쓰레기더미 같은 것이었으므로 인물을 아무렇게나 설정하는 데에 어떤 장애물도 없었다. 캐런 킹 박사가 공개한 문서에 나오는 '나의 아내'라는 표현도 그리 놀랄 만한 것이 아니다. 영지주의 문학서 중에는 하와복음이라는 것도 있다. 아담의 여인, 하와가 복음서를 썼다니 해괴하기 이를 데 없지만 이런 카오스적 상상력은 오늘날 엽기문화가 그렇듯이 열렬한 팬을 형성했다.

영지주의자들에 따르면, 양성합일의 천상적 존재가 어둠의 세력아르콘에 속아서 둘로 분리되었다. 그러면서 반은 천상에 남고 나머지 반은 육체라는 비좁은 감옥에 갇히게 되었다. 어둠의 세력은 반쪽 영혼이 성에 탐닉하여 육체를 벗어나지 못하도록 성性이라는 사슬로 육체를 꽁꽁 얽어맨다. 이런 식의 이원론 때문에 인간은 육체를 경멸했고 성적 교섭에 의존하여 인류가 시간과 역사 속에 존속하는 것을 괴로워했다.

그들은 결혼과 출산이 인류의 노예생활을 연장한다고 믿었기에 결혼을 거부했고, 설령 결혼한 경우라도 성관계와 출산을 기피했다. 그들에게 궁극적인 구원이란 구세주의 도움으로 영혼이 천상에 올라가 그곳에 남아 있던 다른 성性의 반쪽 자신과 결합하여 양성합일을 이루는 것이었다. 그래서 천상적 양성합일을 노래하는 영지주의 작가는 대로 시인이

도마복음. 나그함마디 문서의 두 번째 두루마리의 32쪽으로 〈요한묵시록〉이 끝나면서 〈도마복음〉이 시작된다.
http://en.wikipedia.org/wiki/File:Nag_Hammadi_Codex_II.jpg

사랑과 성

된다. "나는 너고, 너는 나다. 네가 있는 곳에 내가 있노라. 나는 만물 속에 존재하니, 네가 원하는 곳 어디라도 너는 나를 불러 모으고, 너는 나를 불러 모으면서 너를 불러 모을 것이다" 하와복음.

••• 지금은 물론이거니와 그 옛날 공주 수도자들조차 미혹당할 정도로 '예수의 사랑'이란 카오스적 상상력은 시장성이 좋았던 것일까? •••

어떻게 되었든 간에 창작의 자유가 있는 것은 그런 자유가 없거나 억압당하는 것과는 비할 바 없이 나은 것이다. 하지만 그런 자유로 무한한 상상의 나래를 펴서 예수의 쌍둥이 형제, 도마 같은 허구의 인물을 창작하건, 그보다 훨씬 자극적인 공상적 인물인 예수의 아내를 만들어 내건 간에, 허구는 허구이지 그 이상은 아니다.

〈다빈치 코드〉댄 브라운, 문학수첩, 2005처럼 예수의 후손이 메로빙거 왕조의 조상이 되었다는 식의 문학적 허구를 수천만 명의 사람이 미친 듯이 소비하는 것이 현재의 인류문화인데, 2000년 전의 문학이라고 해서 그런 권리를 박탈할 수도 없지 않은가. 〈다빈치 코드〉를 허구적 창작으로 보는 것과 마찬가지로 영지주의 문학을 소설적 허구로 받아들이는 것으로 충분하다. 분명히 말하지만 그 이상은 아니다.

영지주의 문서가 발견된 나그함마디는 4세기의 파코미오스 수도회에서 불과 3킬로미터밖에 떨어지지 않은 곳이다. 이런 지리적 정보를 바탕으로 학자들은, 그 수도원이 영지주의 문학을 필사해서 시장에 공급하다가 모종의 이유로 전체 필사본 및 다량의 백지 파피루스를 쓰레기장에 폐기했다는 가설을 주장한다. 지금은 물론이거니와 그 옛날 공주共住 수도자들조차 미혹당할 정도로 '예수의 사랑'이라는 카오스적 상상력은 시장성이 좋았던 것일까?

뒤바뀐
성性

지난겨울 어느 날, 몬트리올의 크라이스트 교회 Christ Church 에서 주일예배를 드렸다. 여느 때처럼 친교시간이 이어졌고, 한 캐나다 할머니가 나를 보더니 반갑게 다가오셨다. 이런 저런 환담을 나누던 중 어느덧 이야깃거리가 크라이스트 교회의 담임 목사인 성공회 주교로 옮아 갔다. 런던 출신인 그는 몇 년 전 몬트리올 교구로 부임했는데, 나는 그의 부인을 한 번도 본 적이 없었다.

궁금하던 차에 할머니에게 "주교는 결혼을 하셨죠?" Is he married? 하고 물었다. 할머니는 힘을 주어 말했다. "주교는 동성애자입니다. 파트너는 조나단이고요." He is gay. His partner is Jonathan. 나는 무슨 말인지 몰라 다시 되물었다. 똑같은 대답이 돌아왔고 이번에는 그 뜻을 이해했다. '주교가 게이라고?' 귀를 의심하며 세 번째로 물어보았다. 예수님도 베드로에게 세 번 물

115

어 보시지 않았던가 요 21:17. 할머니는 반복되는 질문에 짜증난다는 듯 또 박또박 힘을 주어 다시금 반복했다. "주교는 동성애자입니다. 파트너는 조나단이고요" He is gay. His partner is Jonathan. 주교가 동성애자이고 파트너는 조나단이라고? 조나단이라면 나의 네 살배기 막내딸을 친절하고 상냥하게 맞아 주던 교회학교 선생님이다. 나는 할머니의 말에 적잖이 충격을 받았다.

어떤 한인 부부도 비슷한 경험이 있다고 했다. 초등학생 아들 하나를 둔 이 부부는 몬트리올의 캐나다 교회에 출석한다. 그들이 다니는 캐나다 교회에는 존경받는 장로님이 한분 있다고 한다. 어느 날 그 장로님 댁에 전화를 했더니 한 남자가 전화를 받았다. 그 남자는 남자 장로님을 '내 남편' my husband 이라고 불렀다. 전화를 받은 남자는 부인의 역할을, 장로님은 남편의 역할을 하는 동성애 부부였던 것이다.

또 다른 한인 부부는 몬트리올에 산 지 꽤 되었는데 나에게 몬트리올 동성애자들의 울분을 귀띔해 주었다. 동성애자들은 "어차피 이해가 안 될 것이니 이해하려고 할 필요도 없다. 단지 우리를 가만히 내버려 두어만 달라"고 한다는 것이다.

그러고 보니 오래 전, 예비군 훈련 때 목격했던 사람이 생각난다. 그 남자는, 아니 그 여자는 예비군복에 군화를 신고 왔지만 걷는 모습이나 목소리, 화장한 얼굴이나 몸짓 등 모든 면이 영락없는 여자였다. 예비군 중대장의 태도는 비인간적이었다. "야, 너. 이리 와 봐!" 하고 그 사람을 부르더니 대놓고 욕설을 내뱉었다. 내 눈과 귀엔 분명 여자였던, 그래서 여자로 태어났더라면 좋았을 그 사람은 남자로 잘못 태어나서 인생이 불행했을 것이다. 성 정체성의 혼란은 물론, 사람들의 냉혹한 시선과 포학한 행동이 그의 인생을 가만히 내버려 두었을 리 없다.

하지만 선천적 동성애와 후천적 동성애는 분명하게 구분되어야 한다. 성이 뒤바뀌어 태어난 경우가 선천적 동성애에 해당한다. 후천적 동성애는 학습되거나 모방되는 경우이다. 그 여자 예비군의 경우는 선천적 동성애에 해당한다. 선천적 동성애가 자연계에 엄연히 존재하는 질서의 일부분임은 근래 생물학적 관찰을 통해 많이 밝혀졌다.

••• 창조 질서 속에서 사람은 거의 대부분 남자와 여자로 태어난다. 하지만 극소수의 사람들은 DNA 속에 뒤바뀐 성을 부여받고 세상에 나온다. •••

약 450-1,500종의 동물에게서 동성애가 발견된다는 연구도 있다. 헬레니즘 전통에 등장하는 양성적 존재인 헤르마프로디토스Hermaphroditos는 선천적 동성애를 신화적으로 표현한 경우다. 6세기에 만들어진 라벤나의 모자이크에는 세례 받는 예수를 양성적 존재로 묘사했다. 그리스도 예수가 '만유'萬有라는 신학적 입장에서 그렇게 한 것이다.갈 3:28; 골 3:11, 마 22:30 참조. 4세기의 신학자 마리우스 빅토리우스는 로고스가 반남반녀半男半女의 중성적 존재라고 보았다. 로고스가 특정 성性을 갖는 것이 불완전하다고 생각했기 때문이다.

후천적 동성애는 언급할 필요조차 없을 정도로 반성경적이다. 소돔과 고모라가 직면한 성도덕의 타락은 후천적 동성애에 해당한다.창 19:4-8. 고대 그리스와 로마 시대에 만연했던 후천적 동성애는 신법神法을 거스르

헤르마프로디토스(Hermaphroditos). 기원전 2세기에 그리스에서 만들어진 작품을 기원후 2세기 로마 시대의 조각가가 모방하여 제작한 것이다. 침대는 1619년 이탈리아의 조각가 베르니니(Bernini)가 제작한 것이다. 미(美)소년 헤르마프로디토스가 호수에 들어가자 사랑에 빠진 호수의 요정 살마키스는 헤르마프로디토스에게 다가가 붙어버렸다. 살마키스는 헤르마프로디토스에게서 떨어지지 않게 해달라고 신들에게 요청했고 신들은 그녀의 요청을 받아들여 헤르마프로디토스를 남성의 성기에 여성의 가슴을 지닌 양성적 존재로 만들었다. 헤르마프로디토스 조각상은 비스듬히 누운 포즈에서 서 있는 포즈까지 적어도 일곱 개 유형으로 구분될 정도로 다양하다.

http://commons.wikimedia.org/wiki/File:Borghese_Hermaphroditus_Louvre_Ma231_n4.jpg

는 행위다．롬 1:27, 고전 6:9. 수도자들이야 성 자체를 정죄한 자들이니 동성애는 더 말할 나위도 없다. 하지만 이집트는 후천적 동성애의 고향과 같은 곳이고, 〈사막 교부들의 금언집〉에도 스쳐 지나가듯 이를 상기시키는 일화가 한두 가지 나온다.

그렇다면 하나님께서 인간을 "남자와 여자를 창조하셨다"창 1:27는 구절은 어떻게 이해해야 하는가? 성경은 구원과 영생의 책이다. 따라서 천문학이나 생물학 서적 정도로 폄하해서는 안 된다. 중세 천주교 시대에 성경을 천문학의 척도로 삼았다가, 맞지도 않는 천동설을 고집스럽게 주장한 우스꽝스러운 역사도 있지 않은가.

창조 질서 속에서 사람은 거의 대부분 남자와 여자로 태어난다. 하지만 극소수의 사람들은 DNA 속에 뒤바뀐 성을 부여받고 세상에 나온다. 〈조선왕조실록〉에 기록된 '사방지'나 '임성구지'처럼 양성적인 존재로 태어나는 사람도 있다. 사방지는 세조 때의 인물로, 음경과 음낭 밑에 요도가 있어서 남자인 동시에 여자이기도 했다. 1584년 기록이 나오는 임성구지도 비슷한 경우여서 남자에게 시집도 가고 여자에게 장가도 들었다.

그들이 그렇게 태어난 것은 그들 자신의 잘못도, 다른 어느 누구의 잘못도 아니다. 이렇게 글을 쓰는 나라고 해서 동성애가 선뜻 이해되는 것은 아니다. 유교적 문화가 깊이 뿌리박힌 우리나라의 정서로는 더욱 쉽지 않은 일이다. 그러나 이제 사회 곳곳에서 목소리를 내는 그들을 외면할 수 없는 것이 현실이다.

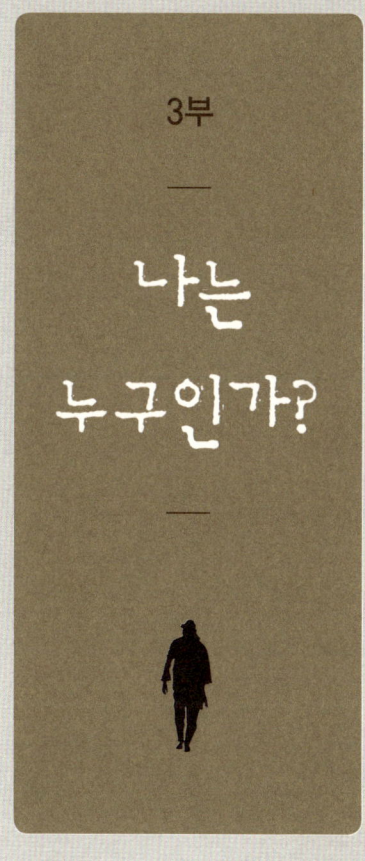

3부

나는
누구인가?

Chapter
05

나 됨의
고백

누구든 언어가 멈추고 세상이 멈춘
고독의 장소에서 몇 주만 갇혀 있다 보면
'나는 누구인가?'라는 질문을
마주하게 될 것이다.
그 질문은 끈질기게 대답을 추궁하고
기도로 이끌고 들어갈 것이다.
독방의 장점이란 바로 이것이다.
언어를 잃는 대가로 자기 자신을 찾아 가는 것,
잃는 것이 큰 만큼 얻는 것도 크다.

코피

 또 코피가 났다. 뚝뚝 떨어지는 코피는 어제오늘의 일이 아니다. 과로나 피로 때문일까? 무관하지는 않겠지만 딱히 그런 것만도 아니다. 모르긴 해도 가계의 유전적 성향을 우선 꼽아야 할 것이다.
 기관지가 좋지 않았던 어머니는 겨울만 되면 목에 수건을 두르고 부엌일을 하셨다. 두 동생은 어릴 적에 편도선 수술까지 받았다. 나도 기관지가 좋지 않았다. 콧물과 가래가 계속 생겨 수시로 코가 막히고 목이 잠기는 것이 언제적부터인지 모르겠다.
 몇 년 전에 이비후인과에 갔는데 삼십대 중반이나 될까 한 젊은 여의사가 내 코를 들여다보더니 불쑥 이렇게 말했다. "손가락으로 콧구멍 후비지 마세요." 순간 망치로 머리를 얻어맞은 느낌이었다. 평소 아내가 질색하던 그 은밀한 버릇을 난생 처음 보는 이 여자 의사는 어떻게 알았을까?

아니, 설령 그 비밀을 알았다고 해도 낯선 중년 남성을 앞에 놓고 어린애 나무라듯 어떻게 그리 쉽게 말할 수 있을까? 설령 내 콧속에 상처가 났어도, 의사가 그렇게 화를 내듯이 말할 일인가.

당황한데다 머릿속까지 복잡해진 나는 대답할 말을 못 찾아 쩔쩔맸다. 눈치를 챘을까, 그 의사는 능숙한 선생님처럼 부드러운 어투로 독특한 처방을 일러 주었다. "콧물 때문에 콧구멍이 막히지 않도록 면봉에 기름을 발라 콧속을 가볍게 마사지해 주세요." 의학 서적에는 나오지 않을 법한 처방이지만 때로 과학보다 직관적 경험이 유용한 법이다. 이후 그 의사의 직관에 기대어 올리브기름을 바른 면봉을 손에 쥐었다.

얼마 전에도 목과 코의 염증이 심해져 동네 이비인후과를 찾았다. 이번에는 육십대 정도의 남자 의사였다. 코피를 방지하기 위해 기름 바른 면봉을 사용하라는 이전 이비인후과의 오래된 처방을 말해 주었다. 그 의사는 얼굴을 찡그리며 고개를 갸우뚱하더니 그런 처방은 수십 년 의사 생활 동안 처음 들어본다고 했다. 그 의사는 상식에 호소했다. 그의 말인즉슨, 건조해서 코피가 난다면 '상식적으로' 가습기로 습도를 조절해야 한다는 것이었다. 여 의사의 직관 이상으로 이 의사의 상식이 그럴 듯해 보였다. 그래서 요즘은 가습기를 온종일 틀어놓고 면봉은 가끔씩만 든다.

〈사막 교부들의 금언집〉에는 병에 대한 언급이 아주 많이 나온다. 105세에 세상을 떠났지만 단 한번도 병에 걸리지 않았던 안토니오스는 특별한 경우다. 그는 마지막 호흡을 내쉬는 순간까지도 건강한 육체와 맑은 영안을 지녔다. 만 106세에 세상을 떠난 내 아내의 외할머니도 안토니오스와 같은 건강을 누리셨다. 100년 이상을 사시면서도 할머니는 감기로라도 병원 문턱을 드나든 적이 없을 정도로 건강하셨다. 하지만 극히 예외적인 것은 일반적인 삶과 거리가 멀다.

금언집에 질병에 대한 언급이 많은 것은, 아무리 오랜 연수를 누린 자라도 결국은 병을 얻어 세상을 떠날 수밖에 없기 때문이다. 황실의 실력자였던 아르세니오스는 화려한 삶을 버리고 이집트 사막으로 들어와 50년 이상을 살다가 95세를 일기로 세상을 떠났다. 로마나 여타 대도시의 귀부인들은 그를 만나려고 배를 타고 지중해를 건너왔다. 자칫 죽음을 대가로 치러야 하는 항해보다 그의 입에서 나오는 말 한마디가 더 소중했기 때문이다.

그렇게 명망 높은 삶을 영위한 그도 인류의 숙적인 육체의 질병에 어김없이 공격당했다. 말년에 그는 가진 것을 다 나누어 주고 병 때문에 손노동도 할 수 없었기에 타인에 의존해야 했다. 그런 비참한 상황에서도 그는 "하나님, 당신의 이름을 위해 내가 자선을 받아 마땅하도록 하셨으니 감사합니다" 하고 기도했다.

피라미드가 줄 지어 있는 테베 출신의 압바 요셉은 이런 말을 남겼다. "주님의 눈에는 세 가지가 귀하다. 병 들었어도 다가오는 시련을 감사함으로 받는 것이 첫째다. 둘째는 어떤 인간적인 계산도 섞지 않고 주님 앞에서 순수하게 행하는 것이다. 셋째는 영적 아버지에게 순종하며 자신의 뜻을 내려놓는 것이다."

철학자 니체는 사막의 교부들을 향해 육체적 병을 찬양한다고 비난

했다. 니체의 말에 힘을 실어 주는 더 극단적인 경우도 있었다. 한 원로는 중병에 걸려 다량의 피를 토해 냈다. 제자는 진통에 효능이 있는 열매로 죽을 끓여 왔다. 원로는 한참동안 제자를 뚫어지게 바라보더니 "하나님께서 앞으로 30년 동안 나를 이 병에 두시길 바라네" 하고 말하며 이를 거절하였다. 이런 행동은 "내가 교만하게 되지 못하도록, 하나님께서 내 몸에 가시를 주셨습니다. 그것은 사탄의 하수인이라고 할 수 있는데, 그것으로 나를 치셔서 나로 하여금 교만해지지 못하게 하시려는 것이었습니다."고후 12:7라는 사도 바울의 고백을 극단적으로 해석한 결과였다.

··· 내 몸이 앓게 되면 앓는 몸을 통해 나 자신을 알게 되고, 나 자신을 알면 하나님께로 돌아갈 길이 보인다. ···

코피가 좀 난다고 병원을 들락거리는 내 모습과 사막 기독교인들이 걸어간 외골수의 우직함이 마치 양극단처럼 서로 대비된다. 의학의 발전으로 인류 문명이 눈부시게 발전했지만, 문명이 진보한 만큼 하나님에게서 멀어진 것만 같다. 의학은 수학과 화학을 이용하는 기술이다. 조선술이나 건축술처럼 기술에 불과한 것이다. 그러니 의술이 몸의 신비로운 작용을 설명하여 이름을 붙이면 붙일수록, 더욱 겸허히 하나님께로 돌아가야 한다.

결국 돌아가야 하는 인생이라면 일찍 돌아가는 것이 지혜. 내 몸이 앓게 되면 앓는 몸을 통해 나 자신을 알게 되고, 나 자신을 알면 하나님께로 돌아갈 길이 보인다. 작은 질병에서조차 의미를 찾아 하나님께로 돌아가고 싶다.

나의 선생님,
피에르 마라발

학창 시절 나는 좋은 선생님을 만나게 해달라고 하나님께 조르듯 기도했다. 그래서일까. 나와 연이 닿았던 몇 분의 선생님들은 각기 특유한 학풍과 개성으로 내 학문의 길에 더없이 좋은 길잡이가 되어 주셨다. 그 중 한 분이 파리 소르본 대학의 명예교수인 피에르 마라발 Pierre Maraval 박사다. 선생님은 평소 복음에 입각해 마 5:37 예는 예, 아니오는 아니오로 엄밀한 사실 판단을 하는 분이었다. 마라발 교수님의 말씀 중 몇 마디는 지금도 뇌리에 선명하다.

논문을 준비하면서 교수님께 개요를 보여 드리자 나에게 돌아온 답은 "새로운 게 아무것도 없다"는 냉정한 평가였다. 웃는 얼굴에 편안한 어투였지만 그 소름 돋는 명확함은 사형선고 같은 절망감으로 나를 압박했다. 나는 당황할 여유나 한 치의 망설임도 없이 논문 개요를 찢어 쓰레기통에 던져 버렸다. 그러고 다시 공부하기를 1년, 새로이 보내 드린 논문 개요는 교수님의 "좋은 방향으로 가고 있다"는 짤막한 답을 얻었다. 이렇게 하여 오늘까지 선생님과의 인연이 이어지고 있다.

마라발 교수님을 모셔 강연을 듣고자 계획한 지난해 말, 선생님은 만 76세의 노구를 이끌고 서울에 첫발을 내디뎠다. 나는 선생님이 묶고 있던 호텔을 드나들며 놀라지 않을 수 없었다. 호텔 방에 머무를 때는 어김없이 자리에 앉아 자료를 보면서 집필을 하셨기 때문이다. "시차도 여덟 시간이나 되고 여독도 있을 텐데 쉬지 않고 계속 연구만 하십니까?" 하고 내가 묻자 선생님은 웃으면서 "책을 쓰지 않으면 아무것도 안 하는 것 같네" 하고 대답하셨다. 그리고 이어서 "쏟아지는 졸음을 쫓기 위해 자료를 양손으로 들고 서서 읽기도 한다네. 때로는 서서 졸기도 하지" 하고 말씀하시는 게 아닌가.

마흔여섯의 나이로 아직 젊은 편에 속하는 나도 미주나 유럽 국제선 항공기를 타면 며칠은 늘어지기 마련인데, 연로하신 선생님은 서울 도착 하루 만에 고3 수험생인 양 졸음을 쫓기 위해 서서 책을 읽으셨다. 이로써 선생님의 불가사의한 능력, 즉 최근 거의 1년에 한 권씩 300-500쪽의 단행본을 출판하는 수수께끼가 풀렸다.

피에르 마라발 선생님은 교회사 연구에 매진하다가 서른다섯이 되어서야 결혼을 하셨다. 이 정도라면 학문과의 결혼이 첫 번째 결혼이고 한 여인과의 결혼이 두 번째 결혼이라고 해도 지나친 과장은 아닐 것이다.

그때 선생님과 함께 초대한 캐나다 몬트리올대학의 크리스천 라슐레Christian Raschle 교수도 비슷한 경우다. 나는 크리스천 라슐레를 프랑스식으로 '크리스티앙'이라고 부른다. 크리스티앙은 한 교회의 청년부 설교에서 학문에 몰두하느라 서른여섯이 될 때까지 결혼을 꿈꾸지 않았다고 고백했다. 그는 책을 한 권 마무리하고 있는데, 그 책의 참고도서만 무려 110쪽에 달한다고 한다. 어린아이 둘을 키우는 아빠로서 그게 가능한 일인가 싶다.

그의 열정은 가족의 이름에서도 드러난다. 가장인 자신의 이름은 크리스천Christian, 부인은 모세의 누이를 본 딴 미리암Miriam, 큰아들은 요한, 둘째는 시몬이다. 게다가 크리스천의 남동생은 천사의 이름인 미가엘이다. 신구약은 물론 천상의 좋은 이름까지도 죄다 가져다 쓴 것이다. 학문만큼이나 신앙에서도 선한 욕심이 많은 벗이다.

나의 학문적 관심과 마라발 선생님의 연구를 속속들이 꿰고 있는 크리스티앙은 이 말을 남기고 서울을 떠났다. "성현, 넌 마라발 교수에게 아주 많은 영향을 받았어." 그의 평가는 꼬리에 꼬리를 무는 여운을 진하게 남겨 놓았다. 내가 선생님께 배운 것이 무엇인가? 선생님은 나에게 어떤 영향을 주셨나?

4세기의 수도적 삶을 연구한 학자답게 마라발 선생님은 사막 교부의 방법론으로 나를 가르치신 것 같다. 사막의 구도자들은 물어보기 전에 먼저 말하거나 가르침을 주지 않았다. 한 제자가 사막의 원로를 찾아가서 말씀을 청하자 원로는 이렇게 말했다고 한다. "그대가 구원받기를 원한다면 상대방이 질문하기 전에는 먼저 말을 꺼내지 마시오." 이 말을 들은 제자는 "저는 많은 책을 읽어 보았지만, 이런 가르침을 받아 본 적이 없습니다" 하고 말하며 떠나갔다.

... 만 76세의 프랑스인 노 스승은 "나는 단 한 번도 자네에게 무얼 하라고 강요한 적이 없네. 그렇지 않은가?" 하고 물으시며 크리스티앙 앞에서 당신 가르침의 방식을 한국인 제자에게 확인하려 하셨다. ...

선생님은 내가 물어야 답을 주고 내가 글을 써 보내는 한에서만 글로 응답하셨다. 오랜 기간 선생님이 내겐 보낸 거의 모든 이메일과 편지를 지금껏 잘 보존하고 있지만 그분이 먼저 나에게 이래라 저래라, 내 연구에 관여한 적은 한번도 없다.

만 76세의 프랑스인 노 스승은 "나는 단 한번도 자네에게 무얼 하라고 강요한 적이 없네. 그렇지 않은가?" 하고 물으시며 크리스티앙 앞에서 당신 가르침의 방식을 한국인 제자에게 확인하려 하셨다. 나는 "그렇습니다"~oui, c'est vrai~ 하고 또렷이 대답했다.

"나는 단 한번도 자네에게 무얼 하라고 강요한 적이 없네. 그렇지 않은가?" 서울을 떠나기 전 선생님이 하신 이 말씀은, 4세기 원로가 제자에게 남겨 준 마지막 금언처럼 느껴진다. 그리하여 마치 거대한 시간의 사막 속에 나 홀로 던져진 듯한 환상과 착각을 불러일으킨다.

바벨의
돌덩이

　스승 팔라몬이 청년 파코미오스에게 가르친 기독교적 삶은 아주 엄격하고 혹독한 것이었다. 그 중 하나가 '모래주머니 철야기도'다. 모래주머니 철야기도를 하려면 먼저 모래주머니를 여러 개 준비해 놓아야 한다. 늦은 밤이 되어 육체의 피로가 기도에 집중하는 것을 방해하면 이쪽의 모래주머니를 저쪽으로 옮기고 또다시 저쪽 모래주머니를 이쪽으로 옮겨 잠을 쫓아야 한다. 모래주머니 철야기도는 "자기를 부인하고 자기 십자가를 지고"마 16:24 그리스도를 따르는 팔라몬 식의 십자가 신학이었던 것이다.

　지나친 수덕修德의 결과일까. 팔라몬은 앞에서 나온 "파 비빔밥 이야기"에서 언급한 것처럼 음식을 거부하고 더 혹독한 방식으로 기도와 금식에 매진하다 결국 세상을 떠났다.

　팔라몬에게는 분명 지나친 면이 있다. 그러나 4세기는 영적으로 강한 자는 육체를 돌보지 말아야 한다는 팔라몬 식의 십자가 신학이 널리 공감을 얻던 시대였다. 4세기의 대표적인 삼위일체 정통주의 신학자였던 바실리우스는 이렇게 말하기도 했다. "건장한 체격과 좋은 혈색이 운동선수의 표시이듯, 물질을 멀리하는 삶의 결과로 몸이 여위고 창백해지는 것은 그리스도인의 표시다."

'몸이 여위고 창백해지는 것'이 그리스도인의 징표라니, 몸집이 좋고 뚱뚱한 것과 신앙을 전혀 무관하게 보는 우리로서는 아주 낯선 해석이다. 바실리우스의 입장은 "내 능력은 약한 데서 완전하게 된다"고후 12:10는 말씀을 바탕으로 세워진 것이다.

고문헌 학자이기도 한 철학자 니체는 기독교가 육체의 건강을 도외시하고 그 허약함을 찬양한다고 비판했는데, 이는 역사적 근거를 내세운 발언이다.

육체가 쇠약해야 영적으로 강해진다는 4세기의 십자가 신학에도 불구하고 바로 이 시기에 수도원과 교회에서 병원이 탄생하고 발전해 갔다는 것은 놀라운 역사적 사실이다. 파코미오스의 수도원에는 약국과 입원실이 있었다. 바실리우스도 입원 병동과 의사와 간호사용 숙소까지 갖춘 사회복지 단지를 372년에 창립했다. 예수님은 인간의 육체와 영혼을 치료하신 의사마 9:12 참조로 이해되었다. 따라서 예수님의 제자들이 인간의 병든 육체를 돌보고 영혼을 치료하는 것은 당연한 일이었다마 25:36 참조.

4-15세기까지 서양과 비잔틴 역사에서 병원의 운영 주체는 절대적으로 수도원과 교회였다. 시의회와 국가가 병원 운영에 개입한 것은 16-

17세기 이후의 일이다. 아울러 그리스 의학서는 500년경 시리아어로 번역되어 동방으로 퍼져 나갔다. 6세기 중반경 니시비스~Nisibis~에 있던 시리아 기독교의 신학교에서는 의학을 가르쳤다고 한다. 시리아어로 번역된 의학 서적 덕분에 페르시아와 아랍 세계에서 의학은 기독교의 전유물이 되었다. 페르시아 기독교의 카톨리코스~대감독~였던 요셉~552-567년~ 같은 인물은 의사이기도 했으며, 페르시아나 아랍 세계의 병원도 기독교인들의 주도로 만들어졌다.

지난겨울 이후 나는 몸과 신앙의 관계를 다시금 생각하게 되었다. 허리에 도진 담 때문이다. 담으로 인한 디스크는 줄잡아 약 10년 동안 나를 괴롭힌 고질병이다. 한번 삐끗하여 척추길이끈을 비롯한 주요 근육이 몇 군데 뭉치면 4-5번 디스크가 눌려 꼼짝없이 쉬어야 한다. 무얼 잡지 않고는 누웠다가 일어나기조차 쉽지 않다. 재채기하는 것도 두렵고 웃는 것은 더 두렵다. 통증 때문이다. 통증이 제일 심한 자세는 의자에 앉는 것이다. 칼로 근육을 도려내는 것 같은 아픔이 두려워 감히 의자에 앉질 못한다. 짧으면 3-4일, 어떤 때는 한두 주를 식물인간처럼 지내야 한다.

그런데 지난겨울을 끝으로 허리 디스크에서 해방되어 가고 있다. 신경외과를 다닌 것도 아니고 물리치료를 받은 것도 아닌데 허리병이 나아가고 있다니 기적이 따로 없다. 치료 방법은 회개 기도와 마사지를 결합한 방식이다. 허리가 좀 안 좋다 싶으면 방바닥에 드러누워 천천히 호흡을 한다. 그러면서 "주님, 내 손으로 무얼 이루려고 하는 욕심과, 무얼 이루었다는 교만을 내 마음에서 지워 주옵소서" 하고 기도했다. 동시에 양 손가락으로 배를 살짝 누르면서 특별히 뭉치거나 통증이 있는 부분을 가볍게 마사지 해줬다. 기도는 보통 30-40분 내외로 길지 않다.

••• 그 옛날 바벨의 사람들이 벽돌로 탑을 쌓아 자신들의 이름을 온 세상에 알리고자 했다면, 나는 연구로 나 자신을 드러내고픈 욕망에 이끌려 병까지 얻은 것이다. 그러니 내 속에 바벨의 돌덩이가 들어 있는 게 아니고 무엇이겠는가. •••

내 경우에 허리디스크는 복부 근육이 굳어지는 현상과 깊은 관계가 있다. 많이 뭉치는 부분은 오른쪽 갈비뼈 아래의 대장 쪽이다. 좀 오래 앉아 있다 싶으면 영락없이 그 쪽이 돌덩이처럼 굳고 퉁퉁 부은 느낌이 든다. 연구에 대한 욕심 때문에 몸을 혹사했기에 장기가 딱딱하게 굳은 것이다. 그래서 나는 뭉친 내장 부분을 '바벨의 돌덩이'라고 부르고 있다. _{창 11:4.}

그 옛날 바벨의 사람들이 벽돌로 탑을 쌓아 자신들의 이름을 온 세상에 알리고자 했다면, 나는 연구로 나 자신을 드러내고픈 욕망에 이끌려 병까지 얻은 것이다. 그러니 내 속에 바벨의 돌덩이가 들어 있는 게 아니고 무엇이겠는가. 바벨의 돌덩이는 비움의 기도로 녹여 버려야 한다. 그래야 디스크도 완치될 것이다. 10여 년을 앓고 나서야, 욕망의 마귀와 교만의 마귀가 내 육체를 볼모로 잡고 있다는 사실을 깨달았다. 사념邪念을 물리쳐야 치료된다니 마음과 몸은 하나인 게 분명하다.

오리겐을 본받아

예수님이 아닌 3세기 신학자 오리겐을 본받겠다고 하면 어불성설이라고 손가락질 받지 않을까? 하지만 내게는 말이 될 법한 고해다. 왜냐하면 예수님과는 너무도 거리가 먼 삶을 살고 있는지라, 감히 "예수님을 따라 살고 싶다"는 말을 할 수 없기 때문이다.

그 삶의 언저리라도 접근할 수 있어야 '그렇게 살고 싶다'고 말할 자격이 있다. 나는 예수님처럼 가진 것 없이 홀로 떠돌며 복음을 선포할 수 있는가? 예수님처럼 (정)의를 선포하고 불의를 고발할 수 있는가? 예수님처럼 하나님 나라를 전하다가 종국에는 고난의 십자가를 질 자신이 있는가? 망설임과 침묵만이 내 대답일 뿐이다. 이런 처지에서 "예수님을 본받고 싶다"고 말할 자신이 없는 것이다.

후자는 예수님도 기비니옴에 집을 한 재 소유하셨나고 주상한다막

2:1, 9:33. 하지만 예수님이 집을 한 채 소유하셨다 해도, 그 집은 오늘날 우리네의 투기와는 무관한 거주를 목적으로 한 것이었다. 들의 여우도 굴이 있고 공중의 새도 거처가 있는데 인자는 머리 둘 곳이 없다고 하셨으니마 8:20, 가버나움의 집은 본래 버려진 집이었거나 그곳에 계실 때 누가 잠시 빌려 준 것이리라.

그런데 나는 어떤가? 내 이름으로 등기된 집이 없다는 사실을 제외하면, 내가 머무는 조그마한 오피스텔은 빌 게이츠의 대저택 부럽지 않은 공간이다. 냉장고며 에어컨은 물론 스위치만 누르면 밥을 해주는 전기밥솥 등 각종 가전 도구가 즐비하고, 언제든 틀기만 하면 더운 물과 찬물이 나온다. "인자는 머리 둘 곳이 없다"고 하신 예수님의 말씀을 떠올려 본다면 나는 극도의 사치를 만끽하고 있는 것이다.

하지만 이것도 부족해서 밥솥을 놓고 갈등한 지가 벌써 세 학기 째다. 압력밥솥인 줄 알고 샀는데 전기밥솥이었다. 밥이 되기까지 줄잡아 50분은 기다려야 한다. 20분 정도면 밥이 나오는 압력솥으로 바꾸고 싶은 마음이 굴뚝같다. 편리함과 안락함…. 세뇌당하다 못해 이런 게 아예 우상이 된 것은 아닐까 자문해 본다.

홀로 사는 것은 또 어떠한가. 방학이 되면 나는 몬트리올로 날아가 아내와 아이들을 품에 안고 기뻐한다. 개강을 하면 방학을 기다리면서 행복해한다. 가족이 사랑의 뿌리요 행복의 샘이다. 가족 없는 내 모습을 나는 상상해 본 적이 없다. 그런데 주님은 홀로 사셨을 뿐 아니라 "아들이나 딸을 나보다 더 사랑하는 자도 내게 합당하지 아니하며"마 10:37라고 말씀하셨다.

컴퓨터 바탕화면에 아내와 아이들의 사진을 띄워 놓는 것도 모자라, 가족 사진으로 벽면을 장식한 내가 주님을 얼마나 사랑하는지는 돌이켜 보아야 할 숙제다. 주님께서 나를 모른 다 하실까 봐 두렵다.마 7:22.

••• 편리함과 안락함…, 세뇌당하다 못해 이런 게 아예 우상이 된 것은 아닐까 자문해 본다. •••

정의를 선포하고 불의를 고발하는 것은마 12:34 어떠한가? 무엇보다 내가 정의를 말할 자격이 있는지가 문제다. 만약 내가 눈에 크게 띄는 악행을 저지르지 않았다면 불의 앞에서 목소리를 높일 수도 있을 것이다. 그러나 나는 그럴 경우 불어올 후폭풍을 계산하면서 가능한 조용히 넘어가고자 한다. 나는 '십자가의 수난'을 똑바로 바라볼 수가 없다. '좋은 게 좋다'는 통속적 관념은 십자가의 수난과 거리가 멀다. 십자가 앞에서 내 삶이 부끄럽다.

고육지책으로 겨우 해본 생각이 '오리겐을 본받아…' 정도이다. 하지만 따지고 보면 이조차도 내 그릇에 넘치도록 과분하다. 오리겐은 대 신학자이기 이전에 진정으로 영적인 사람이었다. 나는 오리겐의 신학을 잘 모르지만 그의 영적 태도를 존경한다. 오리겐은 하늘나라를 위해 고자가 된 자도 있다는 그리스도의 말씀을마 19:12 마음에 새기다 못해, 자기 손으로 직접 고자가 되었다. 주님께서 "머리 둘 곳 없이" 사신 것을 생각하며 일평생 마룻바닥에 잤고, 가족을 더 사랑하는 것이 그리스도께 합당치 않다는 말씀에 귀 기울여, 결혼하지 않고 홀로 살았다. 알렉산드리아 기독교를 대표하는 학교의 교장을 지냈지만, 수업료나 일체의 사례비를 받지 않고 책을 필사해서 생계를 유지했다. 이런 영적 삶 때문에 오리겐은 사막 수도자들의 아버지로 평가 받는다.

나도 오리겐처럼 강의로 번 돈은 전액 기부하면서, 내가 쓴 책으로만 살아가고 싶은 마음이다. 하지만 대부분 학술서인 내 책은 1년에 50권도 나가기가 어려우니, 내 바람은 애당초 실현 불가능하다. 방바닥에 이불을 깔고 자는 정도는 마룻바닥에서 잤던 오리겐과 비슷하다. 하지만 가을에서 봄철까지는 따뜻한 온돌이니 이마저도 온전한 흉내는 아니다. 더군다나 그는 데키우스 황제의 박해를 받고 고문 후유증으로 순교했다. 순교자 오리겐을 모범으로 삼는 것은 지난한 일이다.

그렇다면 남은 길은 무엇인가. 마음과 영혼으로나마 그리스도의 신부로서 살아가는 것이 아닐까. 신부, 그리스도의 신부라…. 신랑을 갈망하며 기다리는 것이 신부의 본질이라면, 나는 신랑 되신 그리스도를 기대하며 기다리는 삶으로 들어가야겠다.

독방

　대여섯 평 되는 오피스텔에서 거의 갇혀 지내다시피 한 게 몇 개월째다. 강의가 없는 날이면 아침부터 밤까지 방안에 틀어박혀 있는 게 상례다. 송내초등학교 산보나 솔안공원의 산책 정도가 유일한 외출 시간이다. 나무와 꽃, 새와 풀을 대면하는 시간은 늘 싱그럽다. 굳었던 근육은 가벼운 몸놀림으로 생기가 돋고, 나비의 날갯짓이며 경쾌한 새들의 종알거림, 신록의 푸르름 덕에 마음도 함께 명랑하다. 발걸음은 기도로 변하고 눈은 내면을 돌아본다.
　몇몇 지인은 이런 나의 삶을 놓고 홀아비라고 농담을 던지기도 하고, 혼자 힘들지 않은지 염려하기도 한다. 하지만 그들이 잘 모르는 것이 하나 있다. 홀로 지내는 독방도 나름 묘미가 있다는 것이다. 혼자 사는 맛의 백미는 '고요와 침묵'이다. 말을 걸어주는 사람도 말을 들어주는 사람도 없다. 그 흔한 텔레비전도 내겐 없고 싱크대에 부착된 라디오는 주파수가 잘 안 맞아 거의 안 튼다. 전화마저 안 오면 꼼짝없이 하루 종일 벙어리가 된다. 일주일에 수업 없는 며칠은 이렇게 벙어리처럼 산다. 독방의 맛은 바로 여기에서 시작한다. 말없이 지내는 것, 말을 떠나 말을 잊고 지내는 것 말이다.

언어는 의사소통, 즉 자아를 드러내어 상대방과 소통하는 발명품이다. 소통이 빠르고 많아야 하는 문명사회는 신개념과 신조어가 넘쳐난다. 그런데 소통이 필요 없는 독방에서는 언어가 멈추고 개념이 사라진다. 지구가 자전을 멈추고 시계가 거꾸로 돌아가는 것 같다. 이런 고독 속에서 피할 수 없는 질문이 집요한 환영처럼 따라붙는다. '나는 무얼 하며 살고 있는가?' '나는 누구인가?' '오! 주님, 저를 불쌍히 여겨 주소서.'

이제 다섯 돌이 지난 막내아이부터 중학교 1학년 아들, 고 2 딸아이까지 세 아이와 함께 살 때는 이런 질문을 깊이 생각할 기회가 많지 않았다. 아이들과 복닥거리며 코에서 단내가 나도록 뛰고, 수족을 부지런히 놀려 바삐 움직여야 했다.

그러나 누구든 언어가 멈추고 세상이 멈춘 고독의 장소에서 몇 주만 갇혀 있다 보면 '나는 누가인가?'라는 질문을 마주하게 될 것이다. 그 질문은 끈질기게 대답을 추궁하고 기도로 이끌고 들어갈 것이다. 독방의 장점이란 바로 이것이다. 언어를 잃는 대가로 자기 자신을 찾아 가는 것, 잃는 것이 큰 만큼 얻는 것도 크다.

오피스텔의 내 독방이나 감옥의 독방은 본래 같은 것이다. 인류 역사에서 감옥에 독방이 만들어 진 것은 비교적 최근의 일이다. 앤서니 스토의 〈고독의 위로〉앤서니 스토, 책읽는수요일, 2011를 보면 감옥의 독방은 18세기 말 펜실베이니아 퀘이커 교도들의 작품이라는 것을 알 수 있다. 퀘이커 교도들은 죄수를 때리거나 죽이는 것이 무익하고 잔인하다

••• 독방의 장점이란 바로 이것이다. 언어를 잃는 대가로 자기 자신을 찾아 가는 것. 잃는 것이 큰 만큼 얻는 것도 크다. •••

고 생각했다. 그래서 수도원의 독방을 모방하여 타인과 격리되어 고요히 성경을 읽으며 뉘우칠 수 있는 감옥의 독방을 고안했다.

현대 감옥의 안락한(?) 독방이 아닌, 옛날의 차가운 감옥 안에서도 하나님을 깊이 체험할 수 있었다. 고대의 마지막 철학자로 불리는 기독교인 보에티우스는 고트족 왕 테오도리쿠스의 감옥에서 그 유명한 〈철학의 위안〉육문사, 2011을 집필했다. 종교개혁 시대의 토머스 모어도 기독교 지혜 문학의 걸작으로 손꼽히는 *A Dialogue of Comfort Against Tribulation* 시련과 위안을 1534년에 옥중에서 집필했다. 존 번연은 〈천로역정〉의 대부분을 12년의 투옥기간에 썼다.

외부 세계와의 단절은 고통스럽지만, 그런 단절 속에서 하나님과의 깊은 만남에 들어가고 고통의 꽃인 영서靈書가 탄생한 것이다. 독방에서의 언어 박탈뿐 아니라, 청력이나 시력의 상실 등 감각의 박탈도 지적인 산파 역할을 한다. 베토벤은 청력을 잃은 뒤에 피아노에 의존할 수 없었고, 그 덕분에 피아노의 기교가 배제된 교향곡 제9번 "합창" 같은 불후의 명작을 남길 수 있었다.

이집트 수도자의 아버지인 안토니오스는 사막의 기독교인들에게 오직 하나의 싸움만이 남아 있다고 했다. 보이는 것도 들리는 것도 없는 사막의 독방, 그곳에 남아 있는 게 있다면 기억의 잔상뿐이다. 기독교인들이 사막에 들어간 것은 기억 속에 녹아 영혼을 괴롭히는 욕망의 찌꺼기를 제거하여 깨끗한 마음으로 하나님을 보고자 함이었다.

고요와 적막이 지배하는 사막의 독방에 홀로 있노라면 세상의 소리가 희미해지고 육신의 갈증조차 줄어든다. 만약 독방을 벗어나고 싶은 유혹이 불 일듯 일어난다면 어떻게 할 것인가? 사막의 원로들은 무엇이든 먹고 싶은 대로 먹고 무엇이든 하고 싶은 대로 하더라도, 독방만큼은 떠나지 말라고 가르쳤다.

사막이나 감옥의 독방에 비하면 지금의 내 독방은 가전제품 가득한 사치의 향연장이다. 내게 있는 자유 또한 사치여서 나는 언제든지 원하기만 하면 바깥바람을 쐬면서 원하는 것을 보고 누린다. 또 홀로 있는 게 지루하다 싶으면 어김없이 강의 시간이 찾아온다.

이제 얼마 후면 몬트리올에 살고 있는 아내와 아이들에게 간다. 지난 4개월 동안 언어를 박탈당한 채 고요 속에서 나를 돌아보았다면, 이제 시작되는 두 달 동안의 방학은 가족의 이야기를 들어주고 나눌 때이다. 언어가 있든 없든 무슨 상관이겠는가. 자신을 되돌아볼 수만 있다면 우리 인생은 참다운 순례가 될 텐데….

원죄

    어릴 적 시골에서 두각은 나타내지 못했지만 그래도 노력하는 내 모습에 부모님은 큰 기대를 걸고 계셨다. 그리하여 중학교를 마칠 무렵, 아버지는 충주의 큰댁으로 나를 유학 보내기로 결심하셨다. 나도 아버지의 제안에 흔쾌히 동의해 광산촌 태백을 벗어났다. 힘겨운 대학생활의 졸업반이 되었을 때 나는 대학원에 들어가서 신학을 공부하기로 결심했다.
    나의 결심은 아버지에게는 실망 그 자체였다. 대학까지 보냈으면 가족의 살림살이에 보탬이 되어야 마땅한데 신학대학원에 가면 어떻게 하느냐는 것이 아버지의 말씀이었다. 게다가 목사는 가난하게 산다는 말씀으로 나를 설득하셨다. 하지만 젊음의 패기가 끓어오르는 나로서는 꿈을 포기할 수 없어 기어이 대학원을 고집했다.
    대학원 등록 마감 한 시간 전까지도 등록금을 마련하지 못해서 발을 동동 굴렀지만 아는 분의 도움으로 은행 문이 닫히기 직전에 등록금을 납입할 수 있었다. 나중에 알고 보니 대학원에 수석으로 합격했다. 등록금 마련에 적잖이 곤란을 겪었던 나는 수석입학인데 장학금은 없는지 물었다. 학교 직원은 다섯 명 중에 1등한 것일 뿐이라고 얘기해서 물어본 내가 오히려 머쓱해졌다.

대학원을 졸업할 때까지 아르바이트를 해서 등록금을 해결했다. 아버지는 형편이 안 되어서가 아니라 신학대학원을 다니는 아들의 모습이 못마땅하여 등록금을 한번도 대주지 않으셨다. 지금 와서 생각해 보면 좀 서운하기도 하다. 하지만 당시에는 내가 선택한 길의 대가라고 생각하여 아버지에게 조금의 서운한 마음도 품지 않았다.

대학원을 마친 다음에는 프랑스에 가서 신학 공부를 연장하고 싶었다. 하지만 비행기 표조차 마련할 재간이 없었던 나는 직장생활을 시작했다. 몇 년을 일하면서 1,000만 원 정도 모았던 어느 가을, 나는 신학공부에 미련을 버리지 못하고 훌쩍 프랑스행 비행기에 몸을 실었다. 지금 생각해 보면 1년도 버티지 못할 돈을 들고 무작정 프랑스로 갔으니 얼마나 무모한 행동인지 모른다. 게다가 마침 그때 아버지가 갑자기 퇴직을 하셨고 나는 결혼까지 했다. 이후 7년간의 유학생활은 전적으로 어머니와 아버지의 땀과 노력으로 지탱되었다.

숨이 턱에까지 차는 것 같은 시간을 몇 년 거치고 학위논문을 발표한 직후 인천공항에 도착했다. 마중 나온 동생이 청천벽력 같은 소식을 전해 주었다. 어머니가 폐암에 걸린 지가 벌써 3개월째라는 것이다. 어머니는 논문을 마무리하는 데 지장을 줄까 봐 나에게는 알리지 말라고 하셨다고 했다. 중학교 시절부터 "너는 커서 신학자요 목사가 되어라" 하고 말씀하시며 꿈을 불어 넣어 주신 분은 어머니였다. 신학자요 목사가 되되 기왕이면 비행기를 타고 온 세계를 누비는 사람이 되라고, 뭔지도 모르는 꿈을 어린 마음에 부추기기까지 하셨다.

그런 마음으로 나를 뒷바라지 하시던 어머니가, 생의 황혼기에 식당 주방에서 허리가 휘어져라 일을 하면서도 기도의 끈을 놓지 않으시던 어머니가 암에 걸리셨다. 그 후 3개월 뒤, 어머니는 내가 시간 강사로서 첫 강의를 하기 며칠 전에 만 59세를 일기로 세상을 떠나셨다. 어머니에게는 지나치게 가혹한 운명이고 나에게는 일평생 죄스런 한이 되는 일이다.

나는 대학에서 강의를 하면서 몇 권의 책을 썼다. 출간된 책을 아버지께 갖다 드리면 아버지는 책으로 얼마나 수입이 되는지 물어보셨다. "수입은커녕 내 돈 들여 출판 안 하면 다행입니다"라는 나의 대답에 아버지는 늘 실망하셨다. 어떤 책은 몇 번이나 정독하시며 몇몇 구절은 아예 외우기까지 하셨지만, 허리 디스크까지 걸려 가며 공부한 것에 별반 대가가 뒤따르지 않는 것을 보시고 늘 안타까워하셨다. 그러던 아버지마저 작년에 병으로 고생하시다가 세상을 떠나셨다.

아버지의 장례식장에서 고모님이 하신 말씀에 나는 눈물을 쏟지 않을 수 없었다. "성현아, 너 갓난아이 시절 너희 엄마가 널 두 팔로 가슴에 안고 어르면서 '남 박사, 남 박사' 했었다. 너는 기억 못할 거다. 엄마가 널 그렇게 키웠지. 그런데 엄마의 말이 씨가 되어 네가 정말로 박사가 되었구나."

나는 지금까지 원죄를 피상적으로 이해해 왔다. 하지만 어머니와 아버지의 죽음 앞에서 내 원죄는 아주 또렷해진다. 어머니의 근원적인 격려와 말로 다 못할 희생, 아버지의 피땀 어린 노고와 성실…. 나의 기억 속에 간직된 두 분의 사랑은 흠과 허물로 골수까지 뒤범벅된 나의 누추한 모습을 환하게 드러내고야 만다.

▪▪▪ 하지만 나는 눈물 없이 어머니와 아버지를 생각할 수 없고, 내 잘못과 욕심을 떠올리지 않고서는 그 분들의 삶을 기억해 낼 수가 없다. 그러니, 나의 원죄를 깨닫게 해준 분은 나의 어머니요 아버지다. ▪▪▪

사막의 철학자, 에바그리오스는 하나님처럼 높아지려는 마음이 원죄라고 했다 창 3:5. 나아가 자유의지로 선택하는 능력을 남용해서 원죄가 생겨났다고 했다. 하지만 나는 눈물 없이 어머니와 아버지를 생각할 수 없고, 내 잘못과 욕심을 떠올리지 않고서는 그분들의 삶을 기억해 낼 수가 없다. 그러니, 나의 원죄를 깨닫게 해준 분은 나의 어머니요 아버지다. 어찌 나 뿐이겠는가. 부모의 애정과 노고를 기억하는 모든 사람은 나와 같은 심정일 것이다.

깊고 깊은
내 죄의 뿌리

다윗이 고발하는 부류의 악인을 일생 만나지 않는다면 행복한 사람일 것이다. 다윗이 상대해야 했던 악인은 "마음 깊은 곳에는 반역의 충동만 있어, 그의 눈에는 하나님을 두려워하는 기색이 조금도 없습니다"시 36:1. 그런 자들의 입은 "기만과 폭언으로 가득 차 있고, 그들의 혀 밑에는 욕설과 악담이 가득합니다"시 10:7.

불의한 증인들이 일어나 악으로 선을 갚고 다윗이 알지도 못하는 일을 캐묻는다시 35:11. 친구들조차 다윗을 배반하고 악을 모의한다. "나를 비난하는 자가 차라리, 내 원수였다면…나를 미워하는 자가…바로 내 친구, 내 가까운 벗이라니!"시 55:12-13. 율리우스 카이사르를 암살했던 자 중에는 그가 신임하던 브루투스가 있었다. 카이사르가 번득이는 칼에 난자당하면서 남겼던 유명한 말, "브루투스 너마저도…"라는 구절이 다윗의 시편과

147

겹쳐진다.

　거짓 증언과 기만과 욕설 정도라면 그래도 불행 중 다행이다. 죽음의 그림자는 여러 번 다윗의 턱밑까지 쫓아왔고 젊은 다윗은 삶의 희망을 포기할 지경이었다. "황소 떼가 나를 둘러쌌습니다. 으르렁대며 찢어 발기는 사자처럼 입을 벌리고 나에게 달려듭니다. 나는 쏟아진 물처럼 기운이 빠져 버렸고 뼈마디가 모두 어그러졌습니다"시 22:12-14. 다윗 앞에 놓여 있는 고통의 덫은 운명적이었던 것일까. 아들 압살롬까지도 군사반란을 일으켜 아버지 다윗을 제거하려 했다니 기가 막힌 운명이다시 3:7.

　절체절명의 순간에 다윗은 '깨끗하게 살려고' 애쓰는 자신의 선한 양심을 주장한다시 26:1. 그러나 아무리 깨끗하게 살려고 애써도 돌아보면 허물투성이인 것이 인간 아닌가. 그렇기에 알고 지은 죄뿐 아니라 미처 깨닫지 못하는 죄까지도 용서를 구해야 한다시 51:3, 9, 12. 아니, 죄의 뿌리는 의식과 무의식을 넘어서는 더 깊은 곳, 어머니의 태속에 있을 때부터 존재했다시 51:5.

　죄의 고백으로도 고통과 고난은 사그라지지 않고 오히려 분에 찬 기도가 나간다. 다윗은 자신을 살해하려고 하는 자들을 대항하여 정의롭고 공정하신 재판장이신 하나님께 악인을 멸하여 주시기를 간청한다시 99:4, 9. "주님, 일어나십시오. 그들을 대적하시고, 굴복시키십시오. 주님께서 칼을 드셔서, 악인에게서 나의 생명을 구하여 주십시오"시 17:13. "악하고 못된 자의 팔을 꺾어 주십시오"시 10:15.

　이 정도 탄원으로도 억눌린 분이 풀리지 않던 다윗은 아예 손수 칼을 들고 나아가 악한 자들을 진멸한다. 하나님은 다윗의 편에서 승리를 선사하신다. "나는 원수를 뒤쫓아가서 다 죽였으며, 그들을 전멸시키기까지 돌아서지 않았습니다"시 18:37. 불의에 대한 정의의 승리, 악에 대한 선의 승리를 보면서 속이 후련하여 아낌없이 박수갈채를 보내게 된다.

이렇게 정리해 보면, 다윗의 시편은 고난으로 시작했다가 하나님의 구원과 정의의 복수로 끝나는 극적 반전의 해피엔딩이다. 거의 3000년 전에 쓰인 시가 이렇게 감동을 주다니, 이만한 서사시가 없다. 하지만 속 시원한 해피엔딩도 잠깐일 뿐, 시편을 읽다가 복음서를 열어 보면 망치로 머리를 얻어맞는 듯한 충격을 받는다. "나는 너희에게 말한다. 너희 원수를 사랑하고, 너희를 박해하는 사람을 위하여 기도하여라"마 5:44. "비판하지 말아라"눅 6:37. 용서하라마 6:14~15. "나는 아무도 심판하지 않는다"요 8:15.

복수하는 다윗의 시편과 용서하시는 예수의 복음! 복수와 용서는 조화될 수 없는 모순이 아니던가. 그런데 그 옛날 사막의 구도자들에게는 다윗의 복수와 예수의 용서가 서로 조화되었다. 무엇보다 사막의 구도자들은 예수님의 복음을 근본으로 삼았다. 남을 판단하기보다요 8:15 자신 속에 있는 죄와 허물을 직시하기를 기꺼이 했다요 8:7.

아울러 그들은 시편의 '악한 자'를 구체적 역사의 인물이 아니라 마귀로 해석했다. 용서를 방해하고 불화를 사주하는 마귀, 악한 생각을 불어넣는 마귀, 싸워 이겨야 할 마귀 말이다. 이렇게 용서의 복음을 붙들고 마귀의 공격을 직시했기에 압바 베사리온 같은 행동이 가능했던 것이다.

어떤 사제가 죄를 지은 형제를 교회에서 쫓아냈더니, 압바 베사리온

이 일어나서 그와 함께 나가면서 이렇게 말했다. "나 또한 죄인입니다." 이렇게 말함으로써 압바 베사리온은 죄인으로 정죄 받은 형제를 오히려 받아들이고, 악한 마귀가 쏘는 비난의 불화살을 꺼버릴 수 있었다.엡 6:16. 한 교부는 어떤 형

••• "그는 오늘 죄를 범했지만, 나는 내일 죄를 지을 것이다." •••

제가 죄를 범하는 것을 보고 비통하게 울면서 말했다. "그는 오늘 죄를 범했지만, 나는 내일 죄를 지을 것이다."

하지만 비판과 비난의 화살을 거두고 자신을 돌아보았던 사막교부 같은 인간됨은 나에게는 아직 요원한 길이다. 마귀를 증오하고 마귀가 사주하는 죄를 증오하라는 걸 누군들 모르랴. 사람을 용서하고 사랑하라는 예수님의 말씀을 그 누군들 모르랴. 그렇지만 용서와 사랑은커녕 망각과 무심조차 힘겨워하는 나로서는 애써 잊어버리려고 하는 것과 미움의 경계선을 왔다 갔다 할 뿐, 사랑과 용서는 언저리도 보이질 않는다. 망각과 미움, 무심과 증오의 경계선에서 우왕좌왕하는 내 꼴을 보아 하니, 악하고 못된 자의 팔을 꺾어 달라는 다윗의 히브리적 시편에서 시 10:15 아직도 통쾌한 카타르시스를 느끼는 내 꼴을 보아하니, 내 죄의 뿌리처럼 깊은 것이 또 있을까 싶다.

예수님의 기도가 떠오른다. "아버지, 저 사람들을 용서하여 주십시오. 저 사람들은 자기네가 무슨 일을 하는지를 알지 못합니다"눅 23:34. 어느 때가 되어야 예수님의 기도가 내 기도가 될 것인가. 어느 때가 되어야 미움과 증오를 내 마음에서 비워 던져 버릴 수 있을 것인가.

몬트리올 크라이스트 교회의 예배

연구 겸 자료 수집을 위해 몬트리올에 온 지 2주가 지나고 있다. 지난 주일과 성탄절은 모두 크라이스트 교회 Christ Church 에서 예배했다. 이 교회는 현대식 빌딩과 지하도시가 잘 발달된 몬트리올의 신시가지 한가운데에 고풍스레 자리한 오랜 전통의 성공회 주교좌 교회다.

몬트리올 대학의 초청 연구원으로 있던 지난 1년 동안 나는 주로 이 교회에서 예배를 드렸다. 아로새긴 스테인드글라스의 은은함, 웅장한 파이프 오르간, 맑고 단아하며 신비감을 자아내는 성가대의 무반주 연주 등 모든 것이 변하지 않은 채 그대로였다. 크라이스트 교회의 예배 하면 떠오르는 키워드가 있다. 고요함이다. 예배는 시종일관 고요하다. 기도든 설교든 소리가 높아지는 것을 여태껏 본 적이 없다. 성가대의 연주조차도 고요하기만 하다.

성가대는 그리 많지 않은 인원이지만 16-18세기 성가를 주로 반주 없이 소화해 내며 시작부터 끝까지 예배를 이끌어 간다. 몸에 힘을 빼고 속으로 소리를 삭이는 발성법으로 노래한다. 몸 속에서 절제돼 여리게 나온 화음은 간신히 상승하지만 일단 천장에 닿으면 공명이 돼 예배당 전체로 퍼져나가 천상의 울림이 되어 하강한다. 더불어 예배 중간에 곁들여진 침묵의 시간이 네 번이다. 말씀과 찬양으로 평온해진 영혼은 침묵의 시간에 이르러 더 깊은 고요 속으로 들어간다. 서너 살배기 아이들만 한둘 데리고 부인 없이 혼자 와서 예배를 드리는 젊은 캐나다 아빠들도 눈에 띈다. 우리로서는 낯선 진풍경이다.

크라이스트 교회의 예배처럼 고요한 예배를 접한 것은 십수 년 전 프랑스의 떼제 공동체에서가 처음이었다. 밝고 빠르고 힘찬 예배를 주로 경험해 온 내게는 그 당시 떼제의 예배가 커다란 충격이었다. 예배는 짧은 기도문에 곡을 붙인 찬양으로 시작된다. "주여, 주 예수여, 나를 기억해 주소서. 주여, 주 예수여, 주님 나라 임하실 때" 눅 23:42, 참조. 이런 짧은 기도문을 열두 번씩 반복하여 노래한다. 그러면 어느새 기도문이 내 영혼의 일부가 되어 간다.

10-20분 동안 떼제의 찬양이 이어진 후 말없이 하는 침묵의 기도로 들어간다. 대학 시절 삼각산에 올라 소리 높여 기도했던 나이기에 말없이 이어지는 침묵은 긴 시간이었다. 침묵은 익숙하지 않으면 30초도 견디기 힘들다. 하루 세 번, 일주일을 예배하고 나니 어느 새 나는 고요한 찬양과 침묵에 익숙해졌다. 교회 근처에도 가지 않는 유럽의 젊은이들 수십만 명

이 매년 떼제 공동체를 찾아온다고 하니, 떼제의 예배가 지닌 영적 흡인력이 어느 정도인지 가늠할 수 있다.

••• "그대가 침묵에서 유익을 얻지 못한다면 어떤 말에서도 유익을 얻을 수 없습니다." •••

떼제에서 만난 사람 중에는 한국인 불교 신자도 있었다. 남자 청년이었는데 떼제에 가보고 싶어 한국에서 단단히 준비해 와서 머문 지 한 달째라고 했다. 떼제의 찬송과 기도에 푹 빠져 있던 이름 모를 그 불교 신자는 아이러니하게도 내가 만난 떼제의 방문자 중 최장기간 체류자였다.

오랜 동안 떼제 공동체에 살던 한국인 수도자와의 만남도 인상적이었다. 그 수도자는 떼제의 공동체적 삶에 젊음을 바쳤다고 했다. 나는 그에게 앞으로의 계획을 물어 보았다. 그는 "계획이랄 게 뭐 있나요. 그냥 살아가는 거죠" 하고 대답했다. 그 이야기를 아내에게 하자 "수도자에게 앞으로의 계획을 물어보다니 당신이 공부는 하지만 수도원이 뭔지는 잘 모르는 것 같아요" 하고 꼬집었다. 아내는 공부를 안 하고도 아는 걸 보면 문자를 해독하는 능력과 지혜는 별로 상관없는 것이 분명하다.

시험을 봐도 필기시험 외에 구술시험이 반드시 포함되고 무엇을 해도 일단 말로 승부를 판가름하는 것이 서양의 전통이다. 하지만 이와는 정반대로 크라이스트 교회나 떼제 공동체처럼 고요와 침묵을 중시하는 문화적 전통의 뿌리도 적잖이 깊다. 고요와 침묵이 기독교적인 삶의 지평 안에 확고하게 자리 잡는 것은 역사를 거슬러 가면 4세기의 수도주의 시대가 처음이다.

　압바 이사야는 이렇게 말했다. "말하기보다 잠자코 있는 것을 좋아하라. 침묵이 보물을 쌓아 두는 것이라면, 말하는 것은 보물을 흩어 버리는 것이다." 압바 아가톤이라는 자는 3년 동안 입에 조약돌을 넣고 지낸 후에야 침묵에 이를 수 있었다고 한다.

　하지만 내가 이런 내용을 쓴다고 해서 나도 그런 사람이라는 뜻은 아니다. 어떤 사막의 원로는 "침묵을 지켜서 후회한 적은 없다"고 말했다. 나는 말이 많아서 말한 다음에 후회하는 경우가 종종 있다.

　말이 많은 나는 왜 침묵이 깃든 조용한 예배에 끌리는 것일까? 어떤 사막 원로의 말이 대답이 될 것도 같다. "그대가 침묵에서 유익을 얻지 못한다면 어떤 말에서도 유익을 얻을 수 없습니다." 그렇다. 세상에서 만들어지는 무수한 말의 홍수 속에서도 아무런 말씀 없이 행하시는 하나님의 침묵에 이끌리는 것, 그것이 내게 유익하지 않을 리 없다.

나는
누구인가?

〈사막 교부들의 금언집〉에 나오는 일화다 10권 132절. 한 형제가 어느 노스승에게 물었다. "제가 금식을 하면 구원받을까요?" 스승이 "아닐세" 하고 대답했다. 형제가 "제가 사람을 피한다면 구원받을까요?" 하고 다시 물었다. 스승은 또 "아니지" 하고 대답했다. "그럼 제가 형제를 사랑하면 구원을 받을까요?" 하고 형제가 되묻자 스승이 말했다. "아니야. 구원받는다는 것은 책망을 참아 견디고 자네 자신을 괴롭게 하지 않는 것이라네. 하나님도 이처럼 사람에게 자비를 행하셨기 때문일세."

이 이야기와 비슷한 버전이 또 있다 10권 134절. 사람들이 사막의 스승에게 물었다. "제가 어떻게 해야 하나님을 발견할 수 있을까요? 금식을 하면 될까요, 힘들여 수고하면 될까요, 철야기도를 하면 될까요, 자비를 베풀면 될까요?" 원로가 대답했다. "많은 자가 자신의 몸을 무분별하게 혹

155

사했지만 아무것도 얻지 못한 채 떠나 버렸네. 금식 때문에 우리 입에서 악취가 나고 있지. 다윗의 시편을 완전히 암송한다 해도 하나님이 우리에게 요구하시는 것이 생기지는 않는다네. 두려움과 사랑과 겸손 말일세."

아마도 다음에 제시하는 6세기 라틴어 번역본의 이야기가 가장 초기의 것일 게다. 어느 날 세 명의 제자가 스승을 찾아와서 자기들이 행한 바를 한껏 자랑했다. 한 제자는 신구약 성경을 외웠다고 뽐냈다. 그랬더니 스승은 "그대의 방은 시끄러웠겠구먼" 하고 대답했다. 다른 제자는 신구약 성경을 베껴 썼다고 자신 있게 말했다. 돌아온 스승의 답은 "그대의 방이 지저분해졌겠구먼" 하는 것이었다. 마지막 제자는 오랫동안 금식하여 굴뚝에 잡초가 자랐다고 힘주어 말했다. 원로가 말했다. "자네는 손님 대접을 게을리했구먼."

무언가 뒷이야기가 더 있을 것 같은데, 애석하게도 이 일화는 긴 여운을 남기며 여기에서 끝난다. 여백의 미가 아름다움을 더하는 한 폭의 동양화를 보는 것 같다. 행간의 의미가 무엇인지 골똘히 생각하며 끌려 들어가지 않을 수 없다.

세 명의 열심 있는 젊은이는 보이는 행동으로 보이지 않는 무언가를 증명해 보이고 싶었으리라. 성경을 읽고, 쓰며, 금식을 하고…. 이렇게 신앙생활의 알파요 오메가인 것을 누구보다 열심히 이루어서 스승에게서 인정받고 싶었을까? 행함으로 존재를 드러내고자 하는 것, 눈에 보이는 그 무엇으로 눈에 보이지 않는 것을 보여 주고자 하는 것, 이런 것이 세 젊은이만의 욕구는 아닐 것이다.

아마도 원로의 대답에는 이런 속뜻이 담겨 있었을 것이다. "성경을 외느라고 방이 시끄러웠고, 성경을 베껴 쓰느라고 방이 너저분했고, 금식하느라 손님을 맞이하지 못하는 데에 그쳤을 뿐, 그대들은 자기 자신이 누구인지를 깨닫지 못했다네!" 영혼의 심지가 있는 자

••• 나 자신을 옷처럼 감싸고 있는 이런 모든 삶의 조건과 생물학적인 조건이 마치 '배설물'빌 3:8 처럼 다 제거된다면, 나에게는 무엇이 남아 있을 것인가? •••

들이었다면, 제자들은 이 말에 정신을 차리고 얼른 자기 자신으로 되돌아왔을 것이다. "그런 행동을 그만둔다면 나는 어떤 존재로 남아 있을 것인가?"라는 질문을 던지면서 말이다.

그 질문을 나 자신에게 던져 본다. 내가 연구 논문을 쓰지 않는다면, 그리고 내가 신학대학교 교단에서 가르치지 않는다면, 나는 어떤 자일까? 만약 설교하는 목사가 아니라면, 나는 어떤 사람인가? 어리석은 질문까지도 해본다. 내가 아이들의 아버지가 아니라면, 그리고 한 여자의 남편이 아니라면 나에게는 무엇이 남을 것인가?

나 자신을 옷처럼 감싸고 있는 이런 모든 삶의 조건과 생물학적인 조건이 마치 '배설물'빌 3:8 처럼 다 제거된다면, 나에게는 무엇이 남아 있을 것인가? 세 명의 제자와 스승이 나눈 대화를 생각하노라면, "나더러 '주님, 주님' 하는 사람이라고 해서, 다 하늘나라에 들어가는 것이 아니다" 마 7:21 라는 예수님의 말씀이 저항할 수 없는 힘이 되어 영혼의 문을 두드린다. 그리고 침묵 속에서 기도하며 "주님, 저를 불쌍히 여겨 주십시오!" 마 9:27 참고 하고 마음으로 뇌일 뿐, 말을 잃게 된다.

Chapter 06

비움의 길

우리 존재는 둘 중 하나일 뿐이다.
두려움에 불탄 후 비워져 신랑 되신
그리스도의 곁에서
쉼을 얻는 신부이거나,
아니면 자신이 만든
우상을 부둥켜안고 집착하는
불행한 바벨론의 딸이거나.

지갑까지도 내준 아르세니오스

이집트 사막에 살던 한 기독교인이 외출했다가 집으로 돌아가고 있었다. 집 부근에 다다른 그 사람은 어떤 자가 낯익은 물건을 나르는 것을 보았다. 가만히 보니 그 물건은 자기 집에 있던 것들이었다. 그가 외출한 사이를 틈타 도둑이 물건을 훔치고 있었던 것이다. 그가 도둑에게 무엇을 하고 있는지 묻자, 도둑은 "보다시피 물건을 나르고 있다"고 답했다. 그는 도둑에게 "도와드릴까요?" 하고 물었고, 도둑은 그 도움을 흔쾌히 받아들였다.

이렇게 해서 그는 도둑을 도와 자신의 물건을 함께 날라 주었다. 도둑이 떠난 다음, 그는 자신의 방으로 들어와서 돗자리 밑에 숨겨져 있던 지갑을 발견했다. 그는 뛰쳐나가 도둑을 뒤따라가서, 빠진 물건이 있으니 마저 가져가라고 하면서 지갑을 전해 주었다.

이 이야기는 아르세니오스라는 유명한 사막 기독교인에 얽힌 일화다. 황제의 가정교사였던 아르세니오스는 황실의 화려한 삶을 버리고 이집트 사막으로 들어와서 여생을 보냈다. 이집트의 사막에서 아르세니오스는 존경 받는 사람이 되었고 명성이 퍼져 나갔다. 아르세니오스가 도둑에게 지갑마저 기꺼이 넘기고 난 다음 읊조린 성경구절은 "모태에서 적신으로 나왔은즉 적신으로 돌아갈지라"는 욥의 말이었다고 한다. 아마도 아르세니오스가 세상을 떠나기 얼마 전에 있었던 일화인 것 같다.

우리는 도둑을 도둑이라고 부른다. 나는 시시비비를 가리지 않으면 마음에 꺼림칙함이 남고, 비겁하거나 억울한 생각도 들어 가능하면 옳고 그름을 따지고 싶어 한다. 옳고 그름의 문제는 보통 소유나 분배, 혹은 권리와 관계 있는 것이기에, 아마 대부분의 사람도 비슷할 것이다.

그런데 사막 기독교인들의 영성은 도둑을 도둑이라고 정죄하는 대신 도움을 베풀었다. 사막 기독교인들은 잘잘못을 초월하는 삶을 고상한 것으로 여겼다. 그렇기에 이 시대를 연구하는 자들은 그들의 삶의 방식을 '천사 같은 삶'이라고 부른다.

에덴의 동쪽에 터를 굳건히 한 가인의 후손인 우리로서는 옳고 그름을 넘어선 천사 같은 삶이 너무나 요원하지만, 바로 그 요원함 때문에 천사 같은 삶을 더 동경하는 것인지도 모른다. 하지만 아무리 그래도 내 것을 훔쳐가는 자를 도와주고 더 보태 주는 경지에 이르는 게, 나라는 자에게 어찌 가능할 것인가 말이다.

답장 없는 편지

지금으로부터 20여 년 전 대학원을 졸업한 지 얼마 되지 않았을 무렵의 일이다. 나는 당시 스트라스부르 대학의 피에르 마라발 선생님에게 논문 지도를 받고 싶다는 내용의 편지를 보냈다. 한 달이나 지났을까. "기꺼이 받아 주겠다"는 내용의 답장을 받았다. 하지만 정작 내가 프랑스로 떠난 것은 그때로부터 2년이 지난 뒤였고 프랑스에 가서도 2년을 더 준비해, 도합 4년이 흐르고서야 선생님 밑에서 박사과정을 시작했다.

어느 날 선생님은 나를 부르더니 편지봉투 하나를 내미셨다. 4년 전에 내가 선생님께 보낸 편지였다. 이제 내가 박사과정에 들어왔으니 당신이 그 편지를 더 이상 보관할 필요가 없게 돼 내게 돌려준다고 했다. 내 편지를 4년이나 보관하고 돌려주시다니, 주변 사람들은 나를 부러워하는 눈치였다.

서양문화는 수신이든 답신이든 간에 편지 자체를 소중히 여기는 전통이 있다. 〈제2의 성〉동서문화사, 2007을 쓴 시몬 드 보부아르의 연서조차 책으로 나왔고, 프로이드가 남긴 수많은 편지는 여러 종류로 출판됐다. 편지를 소중히 여기는 전통은 고대문화의 유산이다.

4세기의 수도자이자 교회 지도자였던 바실리오스는 약 30년 동안 수많은 편지를 여러 곳으로 보냈다. 그가 세상을 떠나자 막내 동생 페트로스는 로마, 알렉산드리아 등 지중해 곳곳에 사람을 보내 맏형 바실리오스가 보낸 편지를 모아 약 350통으로 된 서간집을 출판했다. 그 가운데 눈에 띄는 것이 371-372년에 연이어 보낸 다섯 통의 편지다. 알렉산드리아까지 다섯 번이나 편지를 띄웠건만 어떤 연유에서인지 바실리오스는 단 한번도 답신을 받지 못했다.

답장이 아예 필요치 않은 편지도 있다. 대표적인 것이 383년쯤에 제롬이 유스토키움에게 보낸 편지다. 유스토키움은 로마 귀족 가문의 태생으로 당시 16-18세 되는 앳된 소녀였다. 몇 년 전 나는 이 편지를 우리말로 번역했는데, 출판된 책 기준으로 무려 60쪽이 넘었다. 수도자 제롬은 이 편지에서 소녀 유스토키움에게 참다운 기독교적 삶을 제시했다. 제롬은 무엇보다 탐식하지 말 것을 호소했다.

"성경에는 탐식을 정죄하고 단순한 음식을 권하는 구절이 수없이 있습니다.…첫 인간아담은 하나님에게 순종하기보다 배腹에 복종함으로 낙원에서 쫓겨나 눈물의 골짜기에 던져졌습니다. 배고픔을 통해 사탄은 사막에서 주님을 유혹했습니다. 바울 사도는 '음식은 배를 위한 것이고 배는 음식을 위한 것이지만, 하나님께서는 이것도 저것도 다 없애 버리실 것입니다'고전 6:13라고 외쳤고, 속물에 대해서는 '배를 자기네의 하나님으로 삼는다'빌 3:19고 했습니다. 실상

••• 하나님께서 내게 원하시는 바가 있다면, 그것은 몇 줄로 된 문자들의 나열이기보다는 내 마음, 내 영혼, 내 존재일 것이기 때문이다. •••

각 사람은 자기가 좋아하는 것을 섬깁니다. 그러므로 우리는 포식하다가 낙원에서 쫓겨난 자들은 절제를 통해 낙원으로 되돌아올 수 있음을 명심해야 합니다."

제롬은 명료하고도 매력적인 문체로 소녀에게 계속 권면했다.

"음식을 절제하고 결코 배를 가득 채우지 마십시오. 기도하기 위해서 밤에 일어나는 것은, 트림이 나오는 소화불량 때문이 아니라 쇠약함 때문에 그리하도록 하십시오. 자주 독서하고 가능한 한 공부하십시오. 손에 책을 쥔 채 잠이 그대를 찾아오도록 하고, 거룩한 책이 떨어지는 그대의 얼굴을 받도록 하십시오.…음식에 배부르면 정신이 나태하게 되며, 물 댄 땅에서는 욕망의 가시가 자랍니다.…밤의 매미가 되십시오. 밤마다 울음으로 침대를 씻고 눈물로 침상을 적시도록 하십시오. 사막의 참새처럼 깨어 있으십시오.…우리는 먹을 것과 입을 것이 있으면 그것으로 만족해야 합니다딤전 6:8."

소녀를 향한 제롬의 궁극적인 권면은 그리스도를 영적 신랑으로 맞아 살아가라는 것이었다. "연인에게는 아무것도 힘들지 않습니다. 뜨겁게 갈망하는 사람에게는 어떤 노력도 어렵지 않습니다.…마땅히 되어야 할 그대의 모습으로 이 순간 존재하도록 출발하십시오. 그대의 신랑이신 그리스도에게서 '도장 새기듯 임의 마음에 나를 새기세요. 도장 새기듯 임의 팔에 나를 새기세요.'아 8:6라는 말씀을 듣게 될 것입니다."

유스토키움은 이 편지에 답장을 보내지 않았다. 아니 글로 쓴 답장이 필요치 않았다고 해야 더 적절할 것이다. 얼마 후 소녀는 어머니와 함께 예루살렘으로 떠났고 그곳에서 가난한 자들을 도우며 일평생을 보내는 쪽을 택했으니 말이다.

이 오래된 답장 없는 편지를 생각하면서 성경이 하나님께서 내게 보내신 편지가 아닐까 생각해 본다. 만약 성경이 하나님의 편지라면 글로 쓰는 답장은 가당치 않을 것이다. 하나님께서 내게 원하시는 바가 있다면, 그것은 몇 줄로 된 문자들의 나열이기보다는 내 마음, 내 영혼, 내 존재일 것이기 때문이다.

"이미 말을 너무 많이 했습니다"

내가 욥기를 특별히 마음에 두는 이유는, 욥기가 "선하신 하나님이 다스리시는 세상에 어찌하여 악이 존재하는가"라는 신정론神正論의 물음을 던지기 때문이 아니다. 고난 받는 의인 욥이 처음보다 더 큰 축복을 받았다는 해피엔딩 때문도 아니다. 내가 욥기를 좋아하는 것은, 할 말뿐 아니라 못할 말까지 다 하는 욥의 오기와, 아무 말이나 쏟아 놓으며 대드는 욥을 모두 다 참고 들어주시는 하나님의 모습 때문이다.

욥기는 총 42장으로 된 긴 책인데 대부분 욥이 잘못했다는 친구들의 주장과, 고난이 부당하다는 욥의 항변으로 되어 있다. 욥의 친구들이 잘못의 대가로 벌을 받는 것이라고 말하자 욥은 이렇게 토로한다. "친구라는 것들은 물이 흐르다가도 마르고 말랐다가도 흐르는 개울처럼 미덥지 못하고, 배신감만 느끼게 하는구나" 욥 6:15. 또 욥은 친구들을 이렇게 매도한다.

"너희는 무식을 거짓말로 때우는 사람들이다. 너희는 모두가 돌팔이 의사나 다름없다" 욥 13:4.

여기에 그치지 않고 욥은 하나님을 향해서도 섭섭한 마음을 서슴지 않고 표현한다. "그러나 지금 생각해 보니, 주님께서는 늘 나를 해치실 생각을 몰래 품고 계셨습니다. 주님께서는, 내가 죄를 짓나 안 짓나 지켜 보고 계셨으며, 내가 죄를 짓기라도 하면 용서하지 않으실 작정을 하고 계셨습니다" 욥 10:13-14. 그런데 하나님은 마음에 있는 말을 다 내뱉는 욥을 끝까지 참아 주신 후에 욥기 38장에 가서야 처음으로 말문을 여신다.

고통 속에서 신음하는 한 인간의 배신감과 섭섭함, 분함과 억울함 등 모든 항변을 끝까지 묵묵히 들어주시는 하나님 앞에서 나는 묘한 희열을 느낀다. 욥의 말을 침묵 속에서 모두 다 들은 다음에야 하나님은 욥에게 이렇게 말씀하신다. "전능한 하나님과 다투는 욥아, 네가 나를 꾸짖을 셈이냐? 네가 나를 비판하니, 어디, 나에게 답해 보아라" 욥 40:2.

이렇게 다그치는 하나님 앞에서 욥이 하는 대답은 신구약을 통틀어서 가장 코믹하고 신선하다. "이미 말을 너무 많이 했습니다. 더 할 말이 없습니다" 욥 40:4-5. 더 할 말이 없을 정도로 말을 많이 했다는 욥의 대답이 웃기면서도 속이 후련하다.

요즘 우리는 가상공간과 소셜 네트워크를 통해 욥처럼 마음껏 말을 하며 살고 있다. 이런 말의 자유를 남용하여 인신공격을 하는 것은 분명 그릇된 것이다. 하지만 몇 해 전 온 나라를 떠들썩하게 했던 '미네르바 사건'에서처럼, 정당하게 표현된 견해조차 족쇄에 채워지는 억압을 보면서,

마음껏 말하도록 내버려 두시는 욥기의 하나님을 다시 떠올려 본다.

바른 말조차 하지 못하게 막고 양심의 소리를 말한 사람들을 잔인하게 짓밟았던 탄압의 역사를 우리는 일제 식민 시대와 군부 독재 시대에서 보지 않았던가. 하나님도 욥이 제 생각을 마음껏 토로하도록 내버려 두시는데, 권력을 이용하여 양심의 소리와 영혼의 고백을 발설하지 못하도록 입을 틀어막는 것은 누가 부여한 권한인가. 우리 역사뿐 아니라 동서양의 역사에서도 흑암의 시대란 것은 하나같이 하고 싶은 말을 하지 못하도록 칼과 창을 들이대며 쇠사슬로 혀를 옥죄던 시대였다.

그런데 사막의 기독교인들은 욥이 보여 주는 언어적 정화카타르시스보다 더 근본적인 방법을 알고 있었으니, 이름 하여 상상의 카타르시스정화다. 상상의 카타르시스란 지나간 일과 지금 경험하고 있는 일의 모습을 떠올리고, 그렇게 무수하게 떠오르는 기억과 현재의 집착을 흘려 떠나보냄으로써 마음속의 상처와 욕념을 비워 버리는 방법이다.

사막의 성자인 안토니오스가 홀로 기도할 때 기억 속에 저장된 욕념이 얼마나 강하던지, 육욕은 실제 벌거벗은 여자의 몸으로 나타나 유혹했고, 본능적 공격성과 욕심은 실제 들짐승의 떼로 나타나 안토니오스를 물어뜯었다. 안토니오스가 기도할 때 경험한 많은 환영은 안토니오스에게만 고유한 것이 아니다. 힘을 다해 기도하던 사막 기독교인들이라면 누구나 비워 버려야 했던 사념덩어리였다.

마음속에 마치 희미한 사진처럼 찍혀 있는 과거의 상처와 욕심은 얽히고설키어, 새로운 형태의 탐욕과 공격성을 끊임없이 만들어 낸다. 사막의 구도자들은 마음속에 층층이 남아 있는 이런 악덕의 모습을 기도 속에서 홀홀 털어 버려서 마음을 정화하고자 했다. 이렇게 이미지로 떠오르는 사욕邪慾을 흘려보낸 다음에라야 '깨끗한 마음'으로 하나님을 볼 수 있었다. 마 5:8.

욥과 사막 구도자들의 비슷한 점은 무엇일까? 욥은 발설함으로써 마음의 응어리를 풀어 버리고 치유 받았다. 사막의 기독교인들은 상처 받은 과거를 떠올려 비워 버림으로써 치료 받았다. 욥이 마음속에 담고 있던 말을 쏟아 내면서 카타르시스를 경험하고 하나님께 축복을 받았다면, 사막의 구도자들은 이미지화된 언어인 사욕의 기억을 기도 속에서 흘려보냄으로써 깨끗한 마음에 도달하여 하나님을 뵙는 축복으로 들어갔다.

••• 욥이 마음속에 담고 있던 말을 쏟아 내면서 카타르시스를 경험하고 하나님께 축복을 받았다면, 사막의 구도자들은 이미지화된 언어인 사욕의 기억을 기도 속에서 흘려보냄으로써 깨끗한 마음에 도달하여 하나님을 뵙는 축복으로 들어갔다. •••

응어리를 풀어 버려야 한다. 욕심뿐 아니라 상처까지도 비워 버려야 한다. 풀어 버리고 비워 버려 속 시원해진 마음이라야, 하나님의 말씀을 듣고 하나님을 몸소 뵈올 수 있다. 우리는 어떻게 치유 받고 어떻게 하나님을 뵈올 것인가?

꿈

　4세기 후반, 교회의 교사였던 제롬 라틴어 이름은 히에로니무스은 성경의 사람이기도 했지만, 키케로나 플로투스 등 고대 라틴문학에 심취한 인물이기도 했다. 하지만 그는 라틴문학의 세련미에 비해 거칠고 조야한 성경의 문체에 적잖이 실망했다. 그런데 그가 안디옥에 머물던 중 심한 열병에 걸리면서 특별한 경험을 하게 된다.

　제롬은 그 일을 이렇게 회고했다. "고대의 뱀 라틴문학을 뜻한다이 이처럼 나를 농락하던 중 사순절 중반경에 열병이 진액 빠진 내 육체의 골수 안으로 침투해 들어왔다. 열병은 나의 가련한 지체들을 태웠고 나는 겨우 뼈로만 지탱하는 정도였다. 사람들은 그동안에 나의 장례를 준비했다."

　제롬은 열병으로 결국 자신의 심장이 멎었고 영혼이 심판 받게 됐다고 썼다. "나는 영靈으로 기뻐하면서 심판하는 분의 법정으로 이끌려 갔

〈회개하는 제롬〉. 팔마 지오반(Palma Giovane)이 16세기 말에 그린 유화다. 제롬은 앉은 채로 오른 팔꿈치로 성경에 의지하면서 오른손을 가슴에 대고 통회한다. 왼손을 들고 검지를 하늘로 향하는 모습은 하늘의 은혜를 갈구하는 제롬의 내면을 형상화하였다. 벌거벗은 몸을 가리고 있는 붉은 색 천은 그리스도의 고난을 상징한다. 많은 화가들이 제롬의 회개를 주제로 그렸는데 해골과 사자는 항상 등장하는 단골 소재다. 해골은 덧없는 인생의 유한함을 뜻한다. 전설에 따르면 제롬이 사자의 발톱에 박힌 가시를 빼어 준 이후로 사자는 제롬을 떠나지 않고 칼키스 사막에서 함께 살았다.
http://en.wikipedia.org/wiki/File:Francescostjerome.jpg

다.…'너는 누구인가'라는 질문에 나는 '기독교인'이라고 대답했다. 그러나 앉아 있던 그분은 '너는 거짓을 말하고 있다. 너는 키케로주의자다. 기독교인이 아니다. 네 보물이 있는 그곳에 네 마음도 있다' 마 6:21라고 말씀하셨다. 나는 침묵을 지켰다. 그분은 나를 채찍질하라고 명했다. 나는 채찍질을 당하면서도 (라틴 세속 문학을 더 좋아하는) 마음을 불태우는 열기 때문에 훨씬 더 고통스러웠다.…나는 이런 말로 맹세했다. '주님, 만약 제가 세속적인 문학작품을 소유하고 그것을 읽는다면 그것은 당신을 부인하는 것입니다.' 이렇게 맹세하고 나는 다시 지상으로 돌아왔다. 내가 눈물로 흠뻑 젖은 두 눈을 뜨자 모든 사람이 놀랐다.…내 어깨는 온통 시퍼렇게 멍들어 있었고 나는 상처의 아픔을 느꼈다. 이후로 나는 그때까지 인간적인 책들에 대해 가졌던 열정만큼 거룩한 책 성경을 읽었다."

흔히 '제롬의 꿈'이라고 불리는 이 이야기가 순전히 꾸며낸 것이라고 말하는 학자들도 있다. 하지만 나는 제롬의 자전적 회고가 어떤 초월적 경험에 근거한다고 생각한다. 왜냐하면 그는 이 경험 직후 비로소 사막으로 들어가 수도적 삶에 입문하고 열정적으로 히브리어 공부를 시작하기 때문이다. 히브리어를 배운 끝에 그는 일생 동안 구약성경 전체를 히브리어에서 라틴어로 번역해 홀로 불가타Vulgata 라틴어 성경을 완성했으니 거룩한 책에 대한 이런 열정은 종교개혁 이전의 기독교 세계에서 유일무이한 것이다.

그리고 '꿈' 이후 장장 15년이 지나고서야 제롬은 다시금 라틴문학을 접하게 된다. 이런 정황을 종합하면 고대 최고의 성경 문헌학자 제롬이 탄생된 결정적인 계기가 그의 꿈이라고 보는 것은 무리가 아니다. 물론 죽었다가 다시 깨어난 이야기는 역사적 사실이 아니라 꿈 속에서의 경험이었을 것이다.

꿈을 신적 계시의 통로로 보는 관점은 신구약 성경에서도 나타난다. 요셉의 해몽은 하나님께서 주신 지혜였고_{창 41:25-36}, 동방 박사들도 꿈을 꾸고 길을 인도 받는다_{마 2:12}. 아예 환상이나 꿈을 문학적 틀로 삼은 에스겔서나 요한계시록 같은 묵시문학도 존재한다. 하지만 꿈이 계시의 통로가 된다는 고대의 관점은 프로이드 이후에 산산이 부서졌다.

프로이드는 1899년에 〈꿈의 해석〉을 출간하면서 꿈은 불가사의한 것이 아니라 인과법칙으로 해석할 수 있는 것임을 설명했고, 오늘날 이런 입장은 일반상식이 됐다. 그런데 4세기 사막의 현자, 에바그리오스는 인간의 마음과 꿈이 인과관계로 연결돼 있다는 점을 이미 간파했다. 에바그리오스는 이렇게 썼다.

"때로 화_火가 계속돼 화독_{火毒}으로 변하면서, 밤에 통증이 생기거나 몸이 경련을 일으키거나 창백하게 되거나 독기 있는 야수의 공격을 받게 되는 일이 생긴다. 이런 네 가지 징후는 화독 때문에 생기는 것이다. 이런 징후에는 수많은 사념이 붙어 있다."

야수의 공격은 우리 식으로 번안하면 '꿈자리가 사납다' 정도가 될 것이다. 사나운 꿈자리나 통증, 경련, 몸이 창백하게 되는 것 등의 정신적,

신체적 증상은 분노가 쌓여 마음의 독이 된 결과로 생겨나는 화병이다. 나에게도 비슷한 경험이 있다. 시간 강사 시절에 나는 방학 때만 되면 위염을 앓았다. 의사의 처방대로 약을 먹어도 그때뿐 곧 다시 속쓰림을 겪었다. 아내는 개강해 강의를 시작하면 나을 터이니 약을 먹지 말라고 조언했다. 아내의 말대로 강의만 시작하면 속쓰림이 언제 그랬냐는 듯이 사라졌고 전임 교수가 된 뒤로 다시는 재발하지 않았다. 속쓰림은 사념 때문에 생긴 화독의 결과물이었던 것이다.

••• 신경성 통증이나 경련, 혹은 사나운 꿈자리 등의 치료는 마음에 달려 있다. 이런 증상은 사랑과 기도라는 기독교적 요법으로 치료가 가능하다. 그렇기에 에바그리오스에게는 통증이나 꿈조차도 마음 바탕을 고치라고 천사가 보내 주는 특별한 표시였다. •••

　　신경성 통증이나 경련, 혹은 사나운 꿈자리 등의 치료는 마음에 달려 있다. 이런 증상은 사랑과 기도라는 기독교적 요법으로 치료가 가능하다. 그렇기에 에바그리오스에게는 통증이나 꿈조차도 마음 바탕을 고치라고 천사가 보내 주는 특별한 표시였다. 제롬의 꿈이 성경을 번역하는 길로 이끄는 놀라운 계시였다면, 에바그리오스의 이론은 마음의 병을 치료하는 기독교적 심리요법이다.

빛과
어둠

얼마 전에 이화여자대학교 기독교학과의 양명수 교수님을 뵌 적이 있다. 양 교수님은 이화여자대학교회의 담임목사님이다. 교목실에 들어가서 소파에 앉았는데 정면으로 빈 액자 두 개가 눈에 들어왔다. '사진을 넣기에는 어색한 사이즈인데 뭐 하시려고 저기 두었을까?'라는 궁금함이 스쳐 지나갔다. 잠자코 있으면 체면은 구기지 않았을 것을 기어코 입을 열어 어리석은 질문을 던지고야 말았다. "교수님, 저 액자 두 개에는 무슨 사진을 넣어 두실 건가요?" 양 교수님은 "무슨 액자? 저거 말하는 건가? 어허, 이 사람 보게, 미술 작품이 액자로 보이나 보군. 허허, 거 참" 하시며 너털웃음으로 답을 대신하셨다.

"저게 작품이라고요? 제 눈엔 아무것도 안 보이는데요." 이왕 깨진 김에 갈 때까지 가보려는 심사로 벌떡 일어나 그 앞으로 다가선 후 그림을 살펴보기 시작했다. 옅은 노랑 기운의 바탕색 같은 것만 보일 뿐 아무 형체도 눈에 들어오지 않았다. "으음, 이게 그림이라는 말씀이시죠." 양 교수님의 해설이 이어졌기에 망정이지 하마터면 "벽지 같은데요"라는 말이 나올 뻔했다. "빛이지. 천지창조 때의 그 시원始原의 빛. 추상화라네. 독일에서 미학을 공부하고 부산에서 활동하는 화가, 신사빈의 작품이라네. 지금은 신학공부를 하고 있네."

추상화라. 그것도 빛이 탄생하는 장면을 추상적으로 그린 것이라. 아름다움이 낯설었던 검은 도시 강원도 태백에서 태어난 내가 빛의 추상을 이해하지 못한 건 어쩌면 당연한 일이다. 3세기의 신학자, 터툴리안은 예루살렘신학과 아테네철학가 무슨 관계가 있는지 물었지만 나는 질문을 바꾸어 태백과 예술이 무슨 관계가 있는지 묻고 싶다. 청년 시절 고흐는 자진하여 탄광촌으로 들어가 그림을 그리기도 했지만, 내 고향 태백은 미술로부터 버림받은 곳이었다. 하지만 아무리 미술이 버린 도시에서 태어났다 해도 그림을 놓고서 액자라고 한 건 너무 심했다.

어릴 적 반 친구 중에는 개울을 그린답시고 광산촌의 로고인 양 검은 내川를 그려 내는 경우도 있었다. 내 입장은 달라서 나는 현실이 검더라도 강물만큼은 검게 그리지 말아야 한다는 이데올로기를 고집했고, 때문에 시험 삼아서라도 개울을 시꺼멓게 칠해 본 적이 없다. 당시 어린 나의 눈에는 내가 사는 곳이 광산촌임을 폭로하는 검은색 사실주의가 고통스러웠던 것이다.

2011년 여름에 나는 고대 기독교 예술을 다루는 책을 어줍지 않게

별빛 가득한 우주의 중심에 왕권을 상징하는 황금빛 십자가가 찬연히 빛난다. 가로축 옆에 있는 알파와 오메가는 십자가가 만유의 처음과 나중임을 은유한다. 황금빛 십자가는 그리스도의 신성을, 그 안에 새겨진 얼굴은 그리스도의 인성을 상징한다. 아래에 새겨진 "salus mundi"는 '세상의 구원'이라는 뜻이다. 540-560년, 라벤나의 클라쎄, 사진 남성현.

출판하면서 저자 약력을 놓고 고민에 빠졌다. '강원도 태백 출생으로'라는 문구를 넣을지 말지 망설였기 때문이다. 나를 잉태한 석탄가루 날리던 검은 도시, 태백이 내가 잉태한 천연색 사진 그득한 예술사와 어울리지 않았던 까닭이다.

대부분의 사람은 밝은 것에 이끌리고 어두운 것을 꺼린다. 하나님은 흑암을 밝히는 빛을 만드셨고창1 그리스도는 어둠 속에서 비치는 생명의 빛이 아니던가요1. 최초의 기독교 예술이 조형해 낸 우주적 그리스도 역시 빛을 매개로 했다. 반짝이는 별이 가득한 하늘은 우주를 상징한다. 그 우주의 중심에는 찬연히 빛을 내뿜는 황금색 십자가가 자리한다. 별빛의 바다인 우주, 그 밝고 아름다운 우주를 중심에서부터 압도하는 거대한 빛의 십자가, 초대교회는 이렇게 빛의 추상을 끌어들여 우주를 통치하시는 그리스도를 예배했다.

우주적 빛이든 내면의 빛이든 빛의 향연을 그려 내려는 대개의 시도는 빛과 신성神性을 연결했던 기독교적 전통에 기대어 있다. 그와 반대로 어둠은 고통과 악의 일반적 상징이다. 내가 태백에서 자라날 때 그곳에 대한 거리낌도 내 안에 함께 자란 것은 그 공간을 지배했던 어둠 때문이다.

그러나 나는 빛과 어둠의 새로운 지평에 눈을 떠가고 있다. 4세기의 수도자, 닛사의 그레고리오스 덕택이다. 그레고리오스는 기독교인의 삶이 빛에서 시작해 어둠 속에서 완성된다고 했다. 인간은 그리스도의 빛으로 조명 받아 세상의 덧없음을 알아차리고 영원한 것을 소망하게 된다. 그런데 그리스도의 은혜로 거듭난 존재라 해도 인간은 여전히 피소물이어서 창조주 하나님과의 간격이 무한하다 롬 7:24 참조. 내 언어와 내 경험으로 고백하는 하나님은 내가 아는 하나님일 뿐, 하나님 자신일 리는 없는 것이다.

••• 내 언어와 내 경험으로 고백하는 하나님은 내가 아는 하나님일 뿐, 하나님 자신일 리는 없는 것이다. •••

나라는 유한한 존재가 무한하신 하나님께 더 가까이 다가갈 수 있는 길은 무엇인가. 그레고리오스는 존재의 밤으로 들어가야 한다고 했다. 내 자아를 비워 내면이 고요해지는 것이 존재의 밤이다. 내 견해가 잦아들고 내 개성도 사그라져 내 자아가 한 점 먼지처럼 없이 되는 것이 존재의 밤이다. 그런 존재의 어둠에 이르면 오히려 그리스도는 비어 버린 나를 온통 그분으로 채우신다 갈 2:20. 찬란한 빛에서 시작하여 어두운 밤에 이르러 완성되는 것이 기독교인의 삶이라니, 나는 이런 빛과 어둠의 변증법을 일찍이 알지 못했다 참조, 시 74:16.

그런데 존재의 어두운 밤에 이르러 하나님을 가득 느끼는 신비한 삶은 어떤 그림이어야 담아 낼 수 있을까.

화를 내지
말아야 할 이유

　나는 젊은 시절에 교회 역사를 공부하기 위해 약 8년 동안 프랑스에서 살았다. 프랑스에서 공부하는 동안 우리나라 사람과 프랑스 사람들의 차이를 알게 되었는데 그 중 하나가 대화하는 법이다.
　우리나라 토론 프로그램에서는 한 사람의 말이 끝난 후 다음 사람이 발언하는 게 보통이다. 그런데 프랑스 사람들은 다른 사람의 발언을 끊고 말하는 것이 상례다. 때문에 여럿이 토론하는 프로그램에서는 네다섯 명이 동시에 말을 하여, 누가 무슨 말을 하는지 알아들을 수 없는 경우가 다반사다.
　캐나다에 와서 산 지 2년 남짓 되어 가는데, 캐나다 사람들의 대화술에도 특이한 점이 있다는 것을 발견했다. 덩치가 100킬로그램은 족히 나갈 듯 한 사람들이 말을 할 때 얼마나 소곤소곤하는지 감탄이 절로 나온다. 누가 더 작고 속삭이는 목소리로 조곤조곤 말하는지 경쟁이라도 하는 듯하다. 우리 가족은 목조 건물 2층에 사는데, 1층에 사는 사람들이 여태껏 화 내는 것을 본 적이 없다. 벽을 사이에 두고 있는 옆집 부부가 올여름 이혼했다는 것을 알게 되었지만 그들이 지난 2년 동안 말다툼이라도 하는 것을 단 한 차례도 본 적도 들은 적도 없다.

••• 마귀는 다른 사람과 다투는 화처로 우리를 유도하고 그리하여 하나님께 제대로 기도하지 못하도록 함정에 빠트린다. •••

나는 어떻게 말하는 것이 더 예의바르다거나 더 바람직하다는 말을 하려는 게 아니다. 영적 삶과 관련하여 어떻게 말하는 것이 더 유익한가를 따져 보고 싶은 것이다. 사막의 수도자, 에바그리오스 큰 소리로 화를 내거나 마음속에 화를 품고 있는 자는 하나님께 제대로 기도할 수 없다고 단호하게 말했다.

에바그리오스에 따르면 인간의 마음은 하나님을 아는 능력인 지성과 욕망이 생겨나는 부분, 그리고 화가 생겨나는 부분으로 이루어져 있다고 한다. 욕망이 생겨나는 부분은 욕처欲處라고 할 수 있고, 화가 생겨나는 부분은 화처火處라고 할 수 있다. 그런데 욕처가 세상에 대한 욕慾으로 채워지고, 화처가 타인에 대한 화로 들끓으면, 지성이 어두워져 하나님을 알 수가 없다. 만약 하나님을 바라고欲 마귀에 대해 화를 내면, 그때서야 비로소 지성이 깨끗해져 바르게 기도할 수 있고 하나님을 알 수 있다.

그런데 에바그리오스가 지적하기를, 사람들은 흔히 마귀에게 화를 내지 않고 사람들에게 화를 내기 십상이라고 한다. 마귀는 다른 사람과 다

투도록 유도하고 그리하여 하나님께 제대로 기도하지 못하도록 함정에 빠트린다.

에바그리오스는 이런 상황을 아주 리얼하게 표현했다. 목소리를 조금이라도 높여 성질을 부리는 순간에 바로 '개' 싸움판이 벌어진다는 것이다. 개를 쫓아내지는 못할 망정, 마귀에게 속아 개가 되어 싸운다면 얼마나 초라한가.

에바그리오스는 자신의 말을 실험해 보라고 했다. 큰 소리로 언성을 높인 다음 눈을 감고 기도해 보라. 화를 냈다는 바로 그 이유 때문에 기도의 줄이 잡히지 않을 것이다. 기도의 줄은커녕 눈을 감으면 상대방의 얼굴이 떠올라 더 성질이 난다. 화가 날 때면 화를 속으로 삭이고 상대방에게 이야기할 때는 나지막한 톤으로 해보라. 여전히 기도는 힘들겠지만 그래도 좀 나을 것이다. 아예 화 자체를 없애 보라. 마음이 평온하고 깨끗한 곳에 이르면 하나님께 드리는 기도는 더 수월해진다 딤전 2:8 참조. 거기에다가 욕망까지 비운다면 기도는 더욱 바른 기도가 된다. 사막의 수도자는 진정으로 깨끗한 기도를 드리고 싶다면 화를 내지 말라고 결론 내린다.

에바그리오스의 깊은 뜻을 아는 나이가 되었지만 아는 것과 실천은 다른 법이다. 얕은 내 마음은 때로 화를 못 이겨 큰 소리를 치는데, 그때마다 나는 '개' 밥 신세로 전락하고 만다. 그것을 자각하는 순간, "빈 손으로 태어났으니, 빈 손으로 돌아갈 것" 욥 1:21 이라는 욥의 말을 새삼스레 떠올리며, 무얼 더 가지지 못해 성질을 부렸을까 뉘우친다.

몬트리올의
코테네주 묘원

"마지막으로 신학대학원 동기생으로서 저는 고인의 영전에 이렇게 인사를 드립니다." 지난 2월 13일, 몬트리올의 코테네주(Côte-des-Neiges) 묘원에서 있었던 장례예식은 막바지로 접어들고 있었다. 나는 손수 지은 애가(哀歌)를 그의 영전에 바쳤다. "그대는 맑고 밝은 천사였습니다. 그대는 늘 웃음으로 세상을 밝히는 빛이었습니다. 인생이란 만날 때가 있으면 헤어질 때가 있는 법이라고 하지만, 그대의 때 이른 죽음 앞에 눈물 흘리지 않는 이가 없습니다. 이제 그대를 위한 영원의 문이 준비되었으니, 친구여, 안녕히 가세요. 우리는 그대에 대한 기억을 마음으로 간직할 터이니, 고통도 눈물도 슬픔도 없는 그곳에서 영원히 안식하세요." 불과 몇 개월 전에 몬트리올 감리교회의 고영우 목사와 함께 모인 자리에서, 앞으로 몬트리올 동창회를 자주 열자고 제안한 그가 이렇게 불현듯 세상을 떠나게 될 줄은 아무도 몰랐다.

"이곳을 꼭 한 번 들러 보아야겠다고 생각했는데 이렇게 방문하다니 슬픔을 금할 길이 없습니다." 넓게 펼쳐진 코테네주 묘원의 서서히 움직이는 승용차 안에서 최동환 장로가 말문을 열었다. 그는 주駐 몬트리올 총영사 겸 주駐 국제민간항공기구의 대사다. 고인은 영사관 직원이었다.

어느 덧 승용차는 코테네주 묘원의 화장장에 도착했고 여러 대에 분승한 유가족과 조문객이 차에서 내렸다. 코앞에 몬트리올 대학의 도서관이 덮칠 듯 시야에 들어찼다. 건장한 남자 여섯 명이 고인의 관을 운구해 내려놓았다. 우리는 영정사진과 화환으로 고인의 관을 장식했고 저마다 한 송이 꽃을 바치며 마지막 경의를 표했다.

코테네주 묘원은 몬트리올 대학 사이에 불과 길 하나를 두고 있으며 대학보다 몇 곱절이나 더 큰 거대한 묘원이다. 2년 전 몬트리올에 첫발을 디뎠을 때, 이렇게 큰 묘지가 대학에 맞닿아 있을 뿐 아니라 인구 밀집 지역에 있다는 것이 인상적으로 다가왔다. 유럽의 도시들은 대개 도시 안 여러 곳에 작은 공동묘지들이 있다. 교회 내부에 돌로 된 석관을 안치해 놓은 경우도 있다.

언젠가 스위스 시골 교회에서 주일예배를 드린 적이 있는데, 교회 앞마당이 비석으로 가득 찬 묘지였다. 우리나라에서는 죽은 자들은 살아 있는 자들과 격리돼 산에 묻히는 것이 보통이다. 하지만 서양 기독교 문화에서는 세상을 떠난 자들이 도시 안과 예배당 내부에 안치되어 살아있는 자들과 함께 도시를 차지해 왔다. 서양 사람들에게 도시와 예배당은 삶과 숙음이 공존하는 특이한 공간이다.

교회 내부를 처음으로 차지했던 유골은 박해 시대에 신앙을 고수했던 순교자들의 것이다. 4세기에 밀라노의 감독, 암브로시우스는 여러 순교자들의 유해를 발굴하여 '순교자들의 교회'로 이장했다. '황금 입'을 가진 유명한 설교가, 요안네스는 그리스도의 품안에, 즉 교회 내부에 순교자들을 안치해야 한다고 힘주어 설교했다.

얼마 지나지 않아 신자들은 순교자들에게 자신의 유산을 상속했고, 이 경우 순교자들의 이름을 달고 있는 교회가 상속권을 가졌다. 이 시기의 적지 않은 기독교인들은 순교자들의 뼛조각이 지옥의 형벌에서 자신들을 구해 줄 것이라고 믿으면서 순교자의 유골이 안치된 교회나 수도원 주변에 자신들의 묘지를 마련했다. 순교자들은 '보이지 않는 친구'이자 '소중한 친구'였다.

순교자들의 뒤를 이어 존경 받던 자들은 수도자들이다. 육체적 순교의 시대가 종말을 고하고 난 후 수도자들은 영적 순교자들로 여겨졌다. 446년, 콘스탄티노플 부근에서 히파티오스Hypatios 수도자의 장례식이 있었다. '영적 순교자'의 장례식은 인산인해를 이루었다. 사람들은 저마다 히파티오스가 입고 있던 수의 조각을 자르거나 시신을 감쌌던 장례용 천의 일부를 떼어 내려고 했다. 심지어 히파티오스의 턱수염을 뽑는 자도 있었다. 턱수염이나 머리카락은 성유품聖遺品의 일환으로 소중히 간직되던 것이 이 시대의 정황이었다.

빗나간 열기는 더욱 가열됐고 중세 시대에 이르면 아기 예수가 놓여

비움의
길

있던 지푸라기나 예수가 못 박힌 나무 십자가 조각을 갖고 있다고 주장하는 교회들이 순례의 장소가 되는 어처구니없는 일이 벌어지기도 한다.

육체적 순교와 영적 순교는 늘 서양의 장례문화를 이끈 쌍두마차였고 이런 정신적 영향 아래에서 유럽의 도시 안에는

••• "이미 죽은 것처럼, 매일 죽음이 그대에게 가까이 이른 것처럼, 마치 무덤 속에서 살아가는 것처럼, 그렇게 살라." •••

삶과 죽음이 공존했다. 유럽의 도시 내부에 있던 대형 묘지들이 혐오시설로 지탄 받고 폐쇄되기 시작한 것은 불과 18세기 이후의 일이다.

하지만 우리는 못자리에 연연하지 않는다. "나는 날마다 죽습니다"고 전15:31 라고 고백한 사도 바울처럼 삶과 죽음은 오히려 영혼 안에 공존해야 할 것이다. 난쟁이 수도자였던 요안네스는 이렇게 말했다. "이미 죽은 것처럼, 매일 죽음이 그대에게 가까이 이른 것처럼, 마치 무덤 속에서 살아가는 것처럼, 그렇게 살라."

185

전자제품
없는 날

캐나다 몬트리올에 살던 어느날 토요일에 일어난 일이다. 큰 딸아이만 집에 남겨 놓고 다른 가족은 다 외출하게 되었다. 딸아이는 한참 공부를 하다가 사야 할 물건이 생각나 외출복을 차려 입었다. 그런데 2층 계단을 내려가 현관문을 여는 순간 소스라치게 놀라지 않을 수 없었다. 같은 반 친구인 리앗이란 소녀가 떡 하니 문 앞에 서 있었기 때문이었다. 미리 전화 연락이나 약속을 한 것도 아닌데 현관문을 여는 순간 친구가 서 있었으니 얼마나 놀랐을까.

리앗은 유대인 집안의 딸이다. 유대인 중에서도 엄격하게 신앙을 지키는 쪽이라 여러 가지 금하는 것들이 많다. 예를 들면 우리 집에 와서 늦게까지 딸아이와 공부를 할 때도 여간해서는 무얼 먹는 법이 없다. 페트병에 든 물을 마시거나, 무슨 특별한 표시가 되어 있는 것만 맛볼 뿐, 단 한

번도 우리 음식에 손을 대지 않았다.

딸아이를 놀라게 한 사연인즉슨 이렇다. 마침 그날은 토요일이었다. 유대인들은 토요일을 안식일로 지킨다. 이 안식일을 거룩하게 지키기 위해서 리앗은 전자제품 근처에도 가지 말아야 했다. 텔레비전 시청은 고사하고 스위치를 만지지도 않는다고 했다. 컴퓨터나 아이패드, 휴대폰도 만질 수 없으며, 집에 놓여 있는 전화조차 걸거나 받을 수 없었다. 좀 심한 게 아닌가 싶은 생각이 들 정도였다.

••• 리앗네 가족은 안식일에 마음대로 걸을 수 있으니 옛 바리새인들보다는 더 '인간적으로' 사는 셈이다. •••

리앗은 친구인 딸아이를 만나고는 싶은데 안식일이라 전화를 할 수 없으니 무작정 30여 분을 걸어 우리 집까지 왔던 것이다. 더욱 놀란 것은 안식일에는 자동차는 물론 자전거도 이용할 수 없다는 것이었다. 나중에 그 아이에게 직접 물어보니, 걷는 것은 안식일에 무한정으로 허용돼 있다고 했다. 신약성경 시대의 바리새인들은 안식일에 2,999보까지만 걸었고 3,000보부터는 노동이라 해서 금했다고 한다. 리앗네 가족은 안식일에 마음대로 걸을 수 있으니 옛 바리새인들보다는 더 '인간적으로' 사는 셈이다.

곰곰이 생각을 해보았다. 리앗네 가족처럼 주일에 전자제품에 일절 손대지 않는다면 어떻게 될까? 컴퓨터를 사용하지 못하니 논문 쓰는 데서 해방될 터이고, 전화에 손대지 않으니 인간관계의 사슬에서도 풀려날 것이다. 자동차를 타지 못하니 어디 갈 일이 생길 리 없고, 아이패드 사용이 금지되니 보는 눈과 마음의 눈이 한결 자유로워질 것이 분명하다.

우리 가정의 경우, 주일예배 후 저녁이 되면 아이들과 함께 인터넷으로 텔레비전 프로그램인 "개그콘서트"를 즐겨 보았는데, 유대인들은 그 왁자지껄한 맛도 못 보니 안 됐다는 생각도 들었다. 그렇다면 그들에게는 무엇이 남는가? 자연인으로 돌아가 걷는 것과 가족 간의 대화를 나누는 것이다. 좀 더 내면적인 사람이라면 자기 자신을 성찰하는 시간을 가질 터이다.

옛날 팔레스타인의 어느 마을에 실바노스라는 수도자가 살았다. 그는 늘 바구니 두 개와 조약돌을 집에 놓고 살았다. 선한 생각이 떠오르면 오른쪽에 있는 바구니에 조약돌을 담고, 나쁜 생각이 떠오르면 왼쪽 바구니에 조약돌을 담았다. 저녁마다 그 조약돌을 세어서 오른쪽 바구니에 조약돌이 많으면 저녁을 먹고, 왼쪽 바구니에 조약돌이 많으면 금식했다고 한다.

이렇게 깨끗한 마음으로 돌아가기 위해 마 5:8 애쓰는 실바노스이니 어찌 존경 받지 않았겠는가. 그러고 보니 유대인들의 안식일은 실바노스처럼 자기 자신의 내면을 관찰하라고 만들어진 날인 것 같다.

크리스천들도 주일을 주일답게 '지켜'야겠다. 보고 듣고 논쟁하고 폭소하고 고민하는 것에서 벗어나 잠잠하고 평온하며 고요해 보자. 안식일에 사람은 안식해야 한다 마 11:28-29, 12:8.

선물의 힘

　몬트리올은 나무가 흔한 지역이라 목조 건물이 많다. 우리 가족이 사는 집은 60년 된 2층 목조 건물이다. 2층에는 우리 가족이 살고, 아래층에는 몬트리올 토박이 부부가 예쁜 딸 둘과 함께 오순도순 살고 있다. 우리나라 같으면 재건축을 했어도 몇 번은 했겠지만, 이곳은 한 번 건물을 지으면 적어도 100년은 간다고 하니, 그냥 입이 딱 벌어질 따름이다.

　목조 건물은 다 좋은데 누구도 해결할 수 없는 문제가 있다. 바로 층간소음이다. 얼마 전, 곤히 새벽잠을 청할 때 쾅쾅 소리가 나며 집이 흔들리는 충격을 느낀 적이 있다. 순간 가슴이 철렁하며 눈을 떴다. 약한 지진을 몇 번 경험한 적이 있기 때문에 지진인가 했지만 아니었다.

　자초지정은 이러했다. 나는 한번도 내 코고는 소리를 들어본 적이 없지만, 우리 가족의 말에 따르면 내가 코를 곤다고 한다. 어떨 때는 코 고는 소리로 집 전체가 울린다고 가족들이 나를 몰아세우는데, 나는 내 코 고는 소리를 들어본 적이 없으니 억울할 때도 있다.

그런데 그날 새벽, 나는 집 전체가 울리도록 코를 골았고, 그 소리에 아래층에서 잠이 깬 몬트리올 아저씨가 홧김에 벽을 몇 번 친 것이다. 체구가 나의 세 배는 될 정도로 거구이니, 진도 2-3 정도의 충격을 느낄 만도 했다. 어찌나 미안하든지 그날 이후로 나는 침실을 바꾸었다.

그러나 그것은 시작에 불과했다. 당시 세 살 난 철부지 막내딸과 열 살 난 아들을 비롯하여 우리 식구가 내는 총체적인 소음은 아래층 사람들의 생활리듬 자체를 바꾸어 놓고야 말았다. 본래 아래층 사람들은 저녁 8시 30분이면 잠을 청하고 아침 6시 이전에 일어났는데, 이제는 우리하고 비슷하게 저녁 10시는 되어야 잠을 자고 아침 6시 30분이 되어야 일어난다. 그동안 우리는 어떻게 미안한 마음을 전달할까 고심하다가, 아내가 두 번에 걸쳐, 그러니까 추석과 크리스마스 무렵에 김밥과 잡채 등 한국 음식을 해다 주었다.

나중에 여기 살고 있는 한인들의 말을 들어보니, 층간소음의 가해자가 된 경우 미안한 마음을 전하는 뜻에서 선물을 하면 상당히 도움이 된다고 했다. 틀린 말은 아닌 것 같다. 크리스마스이브에 아래층 사람들에게 카드를 받고 아내와 나의 마음이 한결 편해졌다.

선물이 갈등해소에 도움이 된다는 것은 사막의 기독교인들도 터득하고 있던 삶의 지혜다. 사막의 철학자인 에바그리오스는 선물이 반감이나 적대감, 혹은 원한마저도 누그러뜨린다고 했다. 야곱이 팥죽 한 그릇으로 형 에서를 속이고 장자권을 빼앗았다. 에서는 야곱에게 복수할 기회를 기다렸다. 마침내 야곱이 가족을 이끌고 고향으로 돌아온다는 소식을 접하자, 에서는 군사 400명을 이끌고 야곱을 죽음으로 응징하려 했다.창 33:1. 하지만 야곱은 극진한 선물로 에서의 마음을 누그러뜨렸다.창 33:8-11.

••• 오염되지 않은 깨끗한 기도를 바치고 싶은가? 식탁으로의 초대나 선물을 통해 그 누군가의 화를 누그러뜨려 보자. •••

에바그리오스는 이 사건을 언급하면서, 야곱은 가축떼를 선물하여 에서의 마음을 샀다고 했다. 나아가 사막에 살고 있는 기독교인 수도자들은 가난해서 선물할 물건이 없으니, 식사에 초대하여 음식을 나눔으로써 인간관계의 갈등을 해소하는 것이 좋다고 하였다. 사막 수도자들은 갈등을 완화하기 위해 서로를 초대하던 좋은 풍습을 갖고 있었다. 부지불식간에 천사를 대접한 아브라함의 예를 따라서창 18, 사막 기독교인들은 누군가를 초대하는 일을 거룩하게 생각했다. 에바그리오스는 선물이 화를 누그러뜨린다는 현자 솔로몬의 잠언도 언급한다.잠 21:14.

누군가를 식사에 초대하거나 선물하는 것은 무엇보다도 자기 자신을 위한 것이다. 인간관계의 갈등은 기도의 장애물이어서 깨끗한 기도를 방해한다. 그러므로 기도를 올바로 바치기 위해서라도 갈등을 해소해야 하는 것이다. 오염되지 않은 깨끗한 기도를 바치고 싶은가? 식탁으로의 초대나 선물을 통해 그 누군가의 화를 누그러뜨려 보자. 그리하여 더 깨끗한 기도를 하나님께 바치자.

두려움

　얼마 전에 기독교 서점에 들렀는데 책 한권이 눈에 들어왔다. 마이클 호튼의 〈그리스도 없는 기독교〉부흥과 개혁사, 2009 라는 책이다. 책머리는 "사탄이 한 도시를 완전히 장악하면 어떤 모습일까?"라는 질문으로 시작한다. 사탄의 손아귀에 떨어진 도시는 어떤 모습일까? 술집은 모두 문을 닫을 것이고, 도색물은 자취를 감출 것이며, 사람들은 친절하고 상냥하게 서로를 대할 것이다. 거리에선 악담도 고함도 사라질 것이며, 교회는 주일마다 사람들로 넘쳐날 것이다. 그러나 예배에서 그리스도가 선포되지 않을 것이다. 편안한 도시와 사람들로 넘쳐나는 교회, 그러나 그리스도 없는 예배…. 마이클 호튼은 사탄의 도성이자 세속 도시를 이렇게 스케치해 놓았다.

　오늘날 우리는 교회의 위기를 말한다. 그런데 마이클 호튼이 말한 사탄의 도성은 적어도 우리가 살고 있는 도시는 아닌 것 같다. '오직 예수'라는 구호는 우리나라 예배에서 아직 생생하게 살아있는 외침이다. 나 자신도 '오직 예수'를 자주 설교하고 또 듣기도 한다. '오직 예수'가 살아있는 외침인데도, 흔히 말하는 것처럼 교회와 신앙이 위기에 처해 있다는 것이 사실일까? 너무나 거창한 이런 논쟁에 답을 내리는 것은 내 능력 밖의 일이다. 대신 질문을 바꾸어 이렇게 자문하고 싶다. '내 신앙이 위기에 빠진 것은 아닌가?'

소돔과 고모라는 의인 열 명이 없어 멸망했고 창 18:32, 예루살렘은 단 한명의 의인이 없어 심판 받았다 렘 5:1. 내가 소돔과 고모라가 찾던 의인이 아닌 것, 그리고 예루살렘이 원하던 한 명 의인이 아닌 것은 두려움이 부족하기 때문이다. 하나님에 대한 두려움, 지옥과 심판에 대한 두려움 말이다. 나는 사랑과 축복, 믿음과 은혜 같은 단어가 기독교 신앙의 정수라고 배우고 생각해 왔다.

하지만 이런 단어에 의존하던 나는 자주 욕심 때문에 괴로워하고, 욕심이 강요한 인생의 짐에 버거워하기도 하며, 또 교만한 마음으로 하나님과 멀어지기도 했다. 그런데 나는 근래에 이르러서야 내 삶에서 두려움이라는 단어가 빠져 있는 것이 나사 빠진 바퀴처럼 위험한 것임을 깨닫게 되었다.

안토니오스는 죽음이 닥쳐올 것을 생각하며 하나님을 두려워하라고 선포했다. 에바그리오스도 몸이 뻣뻣하게 굳는 죽음의 날, 심판대 앞에 선 자신을 생각하고 지옥의 고통을 떠올리며 내석으로 슬퍼하라고 권면했다.

사막의 기독교인들이 생각했던 지옥의 심판은 은유나 상징이 아니라, 생생하고 현실적인 고통이었다. 영원한 불, 죽지 않는 구더기, 암흑, 이를 가는 고통 등은 하나님을 두려워하지 않는 자들에게 내려지는 징벌이다.마 11:24, 25:41. 반면 하나님을 두려워하며 삼가 자신을 돌아보던 의인들은 천상의 기쁨을 누리며 하늘나라의 지복에 참여한다. 사막의 기독교인들이 세상을 벗어나 그리스도의 신부로서 자신을 정결하게 다듬었던 것은 천국의 보상과 지옥의 형벌을 그리면서 살아갔기 때문이다.

사막의 기독교가 나에게 가르쳐 준 것은 사랑도 아니요 믿음도 아니다. 나는 어릴 적부터 사랑과 믿음을 배우면서 자랐지만, 사막 기독교 영성의 뿌리인 두려움을 배우기 시작하면서 전 12:13 사랑도 믿음도 다시 깨달아가고 있다. "등불이 어두운 방을 밝히듯, 하나님에 대한 두려움이 사람의 마음에 다가온다면, 그 두려움은 사람을 밝혀 주고 모든 덕과 하나님의 계명을 가르쳐 줄 것이다." 사막의 구도자가 남긴 이 말에 크게 공감한다. 하나님을 두려워하지 않는 한 자신이 누구인지 밝히 알 수 없다.

두려움이 없다면 열망조차 위험하다. 하나님 아닌 어떤 것에 의지하면서 그것이 믿음인 양 착각할 수 있기 때문이다. 두려움이 없는 열망은 자신을 우상화하거나 손에 잡히는 무언가를 우상으로 만들고야 만다. 우상을 부둥켜안고 기뻐하는 사람은 벌꿀에 탐닉하는 야생곰 같은 존재에 불과하다.

"불쏘시개는 불 때문에 완전히 타버립니다. 마찬가지로 사람이 하나님을 두려워하는 마음으로 자신의 마음을 깨끗하게 한다면, 하나님에 대한 그 두려움이 그의 뼈를 태워 없애지요." 인간은 뼈대로 지탱되지만 하나님을 두려워하는 자는 자신의 뼈가 아니라 죄악을 불태우는 두려움으로 자신이 온전히 지탱된다는 것을 깨닫게 될 것이다. 두려움의 불에 사욕이 타서 사라져야 비움에 도달할 수 있고, 비움에 가까워져야 비로소 쉼을 얻는다 마 11:28.

••• 우리 존재는 둘 중 하나일 뿐이다. 두려움에 불탄 후 비워져 신랑 되신 그리스도의 곁에서 쉼을 얻는 신부이거나, 아니면 자신이 만든 우상을 부둥켜안고 집착하는 불행한 바벨론의 딸이거나. •••

우리 존재는 둘 중 하나일 뿐이다. 두려움에 불탄 후 비워져 신랑 되신 그리스도의 곁에서 쉼을 얻는 신부이거나, 아니면 자신이 만든 우상을 부둥켜안고 집착하는 불행한 바벨론의 딸이거나. 사막 기독교에서 내가 배운 '하나님을 향한 두려움'은 사막 기독교에 대해서 지금까지 내가 쓴 것과는 비할 바 없이 소중한 것이다.

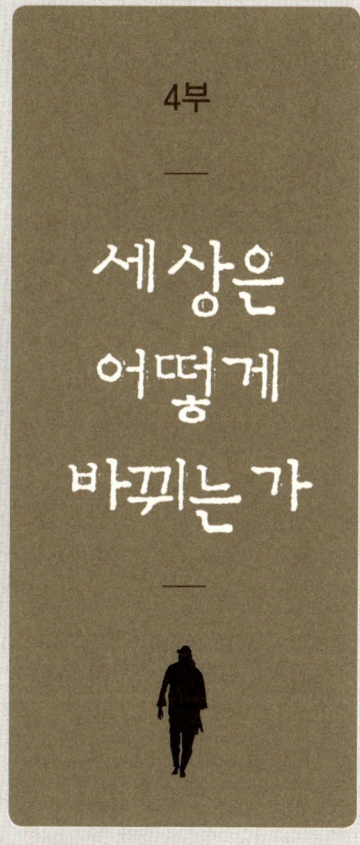

4부

세상은
어떻게
바뀌는가

Chapter 07

정의가 작동하는
세상

에바그리오스는 이런 말을 남겼다.
"늘 죽음을 생각하라.
영원한 심판을 잊지 말라.
그리하면 그대 영혼에는 동요가 없으리니."
우리의 마음속에서
'설마'를 지워 버리고, '그날'을 생각하며
두려움을 갖는다면,
나 자신이 새로운 존재로 태어나고,
우리 사회도 뿌리부터
든든한 세상으로 바뀌지 않을까.

스타벅스 커피와
진료확인서

2012년 가을학기 동안 매주 금요일에 이화여자대학교 법학관 301호에서 열리는 독회에 들어가 어깨 너머로 키케로의 〈법률론〉 *De Legibus* 을 엿들었다. 이 독회는 전북대학교 법학전문대학원의 박준석 교수가 이끌고 있다.

한번은 박준석 교수가 커다란 스타벅스 커피를 들고 와 여러 잔의 종이컵에 나눠 담아 함께 마시면서 커피에 얽힌 이야기로 모임을 시작했다. 그날 박준석 교수는 여느 때보다 조금 일찍 도착하여 이대 앞의 스타벅스에서 커피를 주문했다고 한다. 그런데 한참을 기다려도 커피가 나오지 않자 직원에게 무슨 일인지 물었다. 돌아온 대답은 주문은 되었는데 실수로 커피가 나오지 않았다는 것이었다. 점원은 원한다면 환불을 해줄 수도 있고, 아니면 주문한 미디엄 사이즈 대신 라지 사이즈의 커피를 제공할 수도 있다고 했다.

　하지만 법철학자인 박준석 교수의 요구는 남달랐다. 그는 일단 환불을 해달라고 하였고, 이에 덧붙여 손해배상까지 해달라고 요구하였다. 첫째로 놀란 것은 그의 요구였고 둘째로 놀란 것은 스타벅스 점원들의 태도였다. 여느 상점 같으면 언성이 높아질 수도 있는 상황이었다. 하지만 스타벅스 점원들은 봉투에 돈을 넣어 환불해 주었고, 동시에 라지 사이즈 커피로 손해배상을 해주었다. 국내 스타벅스 1호점다운 환불 겸 손해배상이었다. 그리하여 박준석 교수는 그 커피를 우리와 함께 나눠마셨으니, 이 나눔이 나를 세 번째로 놀라게 했다.

　나 역시 권리관계에서는 둘째라면 서러워할 만한 면이 있는 사람이다. 몇 해 전 시간 강사 시절, 아내가 진단서 발급비로 3만 원을 내고 집에 와서 불만을 토로한 적이 있다. 나는 무언가 잘못되었다는 것을 직감했다. 그리고 진단서가 무엇인지 공부하기로 마음먹었다. 일단 인터넷 포털사이트에 들어가서 진단서 관련 논문을 몇 편 구매하여 탐독했다. 다음날 아내가 치료 받은 곳으로 달려가 먼저 간호사에게 진단서를 돌려 주고 3만 원을 되돌려 받았다. 그리고 의사를 만났다.

　나는 의사에게 치료를 증명하는 진료확인서를 요구했다. 의사는 갖고 있던 양식을 보여 주면서 진료확인서라는 양식이 없다고 말했다. 나는 의사협회에서 발행한 모든 양식은 법정 양식이 아니라 임의 양식에 불과하니 인쇄된 양식이 없는 것이 별 문제될 것이 없다고 말했다. 진료확인서를 한글 프로그램으로 작성하여 프린터로 인쇄해 주면 된다고 재차 요구했다. 의사는 프린터가 고장이니 그것도 안 된다고 했다. 나는 프린터가 고장인 것도 별 문제가 안 된다고 하면서, 대신 백지 한 장을 꺼내서 내가 요구하는 대로 써달라고 했다. 제목은 '진료확인서'이고, 그 아래 의사의 이름과 의사 면허 번호, 병명, 치료 내용, 날짜와 사인 등을 적도록 했다.

의사는 이렇게 마음대로 써도 되는 것이냐고 나에게 반문했다. 나는 아무런 문제가 없으니 걱정하지 말고 내가 원하는 대로 써달라고 말했다. 이렇게 해서 손으로 쓴 진료확인서가 완성되었다. 나는 진료확인서가 무슨 병을 언제 어떻게 치료했는가를 증명하는 영수증의 성격이니 대가를 지불하지 않는 것이 옳다고 설명하였다. 의사는 나의 논리에 수긍해 주었다. 의사는 나에게 법대를 나왔냐고 물어보았지만, 당시 나는 법대 근처에도 가본 적이 없었다.

독일의 한 저명한 법학자는 "법은 자신의 권리를 위해 애쓰는 자만을 보호한다"고 말했다. 하지만 사막 교부들의 금언집을 펼쳐 들면 숙연해진다. 사막 기독교인들의 정신 속에는 '권리'라는 낱말이 들어갈 틈이 없기 때문이다. 압바 겔라시오스라는 자가 은 열여덟 냥의 값어치가 되는 아름다운 가죽 성경책을 갖고 있었다. 그런데 한 수도자가 그것을 탐내었고 급기야는 훔쳤다. 겔라시오스는 가죽 성경책이 없어졌다는 것을 알았지만 그를 뒤쫓지 않았다.

성경책을 훔친 수도자는 도시에 가서 은 열여섯 냥에 성경책을 살만한 사람을 물색했다. 한 사람이 나타났는데 그는 물건 값을 알아보기 위해 잠시 성경을 빌려 달라고 하였다. 그 사람은 성경책을 갖고 압바 겔라시오스에게 와서 그것이 은 열여섯 냥의 가치가 있는지 물었다. 원로는 그만한 가치가 나가니 사라고 답했다. 그는 도둑질을 한 형제에게 돌아와서 압바 겔라시오스에게 가서 물어보았더니 은 열여섯 냥은 비싸다고 하였으므로 값을 깎자고 흥정했다.

• • • 각자의 몫을 각자가 얻도록 해주는 정의로운 사회가 우선이다. 하지만 정의는 그 자체로 완성되지 못한다. 사랑과 용서를 통해서라야 진정으로 실현될 수 있다. • • •

수도자는 그 사람에게 물었다. "원로가 다른 말씀은 하지 않던가요?" 그는 다른 말씀은 없었다고 했다. 그러자 형제가 말했다. "나는 그것을 더 이상 팔고 싶지 않소." 그 수도자는 자책감으로 가득 차서 원로를 찾아가 그에게 용서를 구하고 성경책을 다시 받아 달라고 간청했다. 그러나 원로는 성경책을 받으려고 하지 않았다. 그러자 형제가 그에게 말했다. "스승님이 그걸 받지 않으시면, 제게는 평화가 없을 것입니다." 원로가 형제에게 말했다. "그렇다면 내가 다시 그걸 받아야겠네."

사막 기독교인들의 삶을 천사들의 삶이라고 하는 이유는 바로 이런 데 있다. 소유권이나 권리관계에 대한 삶의 일반법칙이 통용되지 않는 특수한 장소가 사막이었던 것이다.벧전 4:8. 각자의 몫을 각자가 얻도록 해주는 정의로운 사회가 우선이다. 하지만 정의는 그 자체로 완성되지 못한다. 사랑과 용서를 통해서라야 진정으로 실현될 수 있다.

〈우리들의 일그러진 영웅〉과 '영웅' 없는 사회

이문열이 쓴 〈우리들의 일그러진 영웅〉다림, 1998은 자유당 정권 말기, 어느 시골의 초등학교 5학년 아이들의 삶을 배경으로 펼쳐지는 이야기다. 한병태라는 아이가 서울에서 시골 학교로 전학을 왔다. 병태를 기다리는 것은 반장 엄석대의 절대 권력이었다. 5학년짜리 남자아이들은 '우리들의 영웅'인 석대의 명령에 마치 부하인 양 복종했다. 당번을 짜서 물컵을 갖다 바치거나 맛있는 도시락 반찬을 진상했으며 때로 좋은 물건까지 친구들에게 빼앗아 상납했다.

석대의 말에 거역하거나 반기를 들면 청소 검사와 복장 검사 같은 공식적인 방법이나, 놀이에서 왕따를 당하는 것 같은 더욱 뼈아픈 비공식적 방법으로 혹독한 대가를 치러야 했다. 전학 온 병태는 처음에는 석대의 왕국에 저항하다가 왕따를 당하기도 했으나, 한 학기가 지나갈 무렵에는 석대의 권력체제 속으로 편입되었다.

　석대의 왕국이 무너진 것은 6학년이 되어 새로 부임한 담임 선생님을 통해서였다. 선생님은 엄석대가 반에서 공부 꽤나 하는 아이들을 시켜 각 과목의 시험지에 엄석대의 이름을 쓰도록 한 부정행위를 발각해 냈다.

　'우리들의 영웅' 엄석대의 폭력과 불법과 비리는 아이들의 입에서 지진해일처럼 쏟아져 나와 엄석대의 왕국을 허물었다. 결국 새로운 반장을 뽑는 시간, 석대는 교실을 나가서 다시는 학교에 모습을 드러내지 않았다. 아이들이 등하교 길에 석대에게 얻어맞자 담임 선생님은 오히려 당한 아이들에게 매를 들며 네다섯 명이 석대 하나 못 당하냐고 윽박질렀다. 아이들은 다음번에 석대가 시비를 걸자 힘을 합쳐 도랑에 꼬꾸라뜨렸다.

　이렇게 '일그러진 영웅'으로 전락한 엄석대는 더는 아이들 앞에 나타나지 않았다. 수십 년 후, 우연히 동해안의 어느 피서지에서 경찰에 체포되는 석대의 모습이 목격될 뿐이었다.

　〈우리들의 일그러진 영웅〉은 기억 속에 희미하게 남아 있던 내 어린 시절과 여기저기 겹친다. 4학년 무렵에 나는 반 아이들에게 집단 따돌림을 당했다. 당시 반에서 교회에 다니는 아이는 나뿐이었는데 아마도 그것이 이유였을 듯 싶다. 왕따를 주도하는 아이들이 서너 명 있었는데, 내가 그 아이들에게 굽실거리지 않았던 것도 원인일 수 있다.

　체격이 왜소한데다 주먹이 있는지 없는지 모를 정도로 순했던 나는 따돌림에 속절없이 당했다. 하지만 선생님과 부모님께 한마디도 누설하지 않고 혼자 따돌림을 눈물로 삭였다. 또래 집단의 놀이에 낄 수 없다는 것은 그 나이에 지나친 형벌이었다. 나는 그 형벌을 모면하기 위해 때로 따돌림의 촉매였던 몇몇 아이들의 비위를 맞추기도 했었다.

그러다가 5학년이 되어서 대반전이 일어났다. 새로운 담임 선생님은 정확한 이유는 잘 모르겠지만 반장을 제쳐 두고 부반장인 나에게 엄청난 권한을 쥐어 주었다. 자습시간이 되면 선생님 없이 내 책임 하에 아이들이 소리 내어 책을 읽었다. 아이들이 내 말을 듣지 않으면 그 아이들의 이름을 선생님께 알렸다. 선생님은 그 아이들을 혼이 쏙 빠질 정도로 야단쳤고 매까지 드셨다.

그런 종류의 분노는 내게 부여된 권력에 엄청난 힘을 실어 주었다. 아이들의 책읽기를 감독하던 나는 졸거나 딴짓 하는 아이는 골라내 여지없이 손바닥을 때렸다. 힘 꽤나 쓰던 아이들도 내 가냘픈 손에 실린 회초리 앞에 저항하지 못하는 것이 신기했다. 내가 숙제를 내고 검사했으며 청소 점검까지 했으니, 내 말이 법이요 진리가 되는 것에 나 자신도 놀랐다.

따돌림이라는 까닭 모를 형벌로 고통의 눈물을 삼켰던 내가 권력의 자리에 올라 나를 짓밟던 아이들을 지배하니, 그 달콤함이야 오죽했으랴. '우리들의 영웅' 엄석대의 교활한 왕국에 비해 나의 왕국은 순진했지만, 그 권력이 선생님의 권위에 기생했다는 것은 동일하다.

6학년에 올라 새로운 담임 선생님이 부임했다. 비록 광산촌이지만 전에는 거의 한 적이 없는 1등을 6학년 때에는 한번도 내준 적이 없다. 하지만 새로운 선생님의 존재와 함께 내 권력은 삽시간에 흔적도 없이 사라졌다.

사막의 수도자들 이야기에서도 따돌림이나 정신적 폭력 비슷한 이야기가 나오는 것이 놀랍다. 어느 날 수도자들의 집단 주거지인 켈리아에서 모종의 이유로 총회가 소집되었다. 에바그리오스가 말하기 시작하자, 명망 있던 어느 수도자가 그의 말을 제지했다. "압바 에바그리오스여, 우리는 그대가 그대의 나라에 있었더라면 틀림없이 교회의 감독이나 많은 자의 머리가 되었을 것임을 알고 있소. 그러나 그대는 지금 여기에서 이방인 같은 자요."

••• 지배하는 영웅도 없고 침묵과 눈물을 강요당하는 약자도 없는 사회, 그런 사회를 꿈꾸어야 하리라. •••

에바그리오스는 제국의 수도, 콘스탄티노플에서 학식과 덕망이 높던 사제였다. 에바그리오스가 콘스탄티노플에 머물렀더라면 아마도 유명한 교회의 지도자가 되었을 것이다. 그러나 그는 문명을 버리고 이집트 사막에서 이방인으로 살고 있었다. 그러니 이방인으로서 아는 체하지 말고 잠잠하라는 것이 명망 높던 그 이집트 수도자의 말이었고, 다른 수도자들은 그의 말에 암묵적으로 동의했다.

이집트 수도자들조차 이방인 약자를 먹이로 삼았다니 인간은 결국 타인을 희생 제물로 삼아야만 직성이 풀리는가 보다. 은근한 것처럼 보이지만 실제로는 뿌리 깊었던 이집트 수도자들의 따돌림은 오히려 에바그리오스에게 더 강한 자극제가 되어, 그의 손끝에서 사막의 영성이 체계화되었다.

하지만 따돌림이나 지배가 에바그리오스의 책처럼 진주를 만들어 내는 모래 알갱이 같은 역할을 한다 해도 그것들을 합리화할 수는 없다. 지배하는 영웅도 없고 침묵과 눈물을 강요당하는 약자도 없는 사회, 그런 사회를 꿈꾸어야 하리라.

이문열과
안토니오스

　첫째와 둘째 아이는 프랑스에서 태어나 불어를 곧잘 구사한다. 서울 사당동에 살던 시절, 아이들은 길 건너 방배동 서래마을의 학교에 다니면서 프랑스 아이들과 친구 삼아 자주 왕래했다. 친구들의 생일파티에 몇 번 초대를 받은 큰 아이가 하루는 느닷없이 불평을 늘어놓았다. 친구들 집은 널찍한 이층에다 방도 많은데 우리 집은 너무 좁고 가난하다는 것이었다.
　서래마을의 프랑스 부모 대부분은 기업체의 임직원으로 파견 온 사람들이라 들으면 깜짝 놀랄 월세를 내면서 근사한 집에서 산다. 그 월세는 대부분 기업에서 대준다. 그들이 사는 100, 200평 하는 호화 빌라와 우리가 살던 25평 연립은 비교거리도 되질 않으니 아이들도 빈부의 차이를 느꼈음은 당연한 일이다.
　가난이란 무엇인가? 행복과 불행이란 무엇인가? 절대적 가난을 자처

했던 사막의 현자, 안토니오스조차도 이런 질문이 머릿속에 차오르는 것을 피해갈 수 없었다. "주님, 어찌하여 어떤 이들은 젊어서 죽고, 어떤 이들은 아주 늙을 때까지 사는 것입니까? 왜 가난한 자들과 부유한 자들이 있는 것입니까? 어찌하여 불의한 자들이 부자가 되고, 의로운 자들이 가난하게 되는 것입니까?"

안토니오스의 질문에 어디선가 한 목소리가 들려왔다. "안토니오스야, 네 자신을 돌이켜 보아라. 그런 것은 하나님께서 판단하실 몫인즉 그걸 안다고 해서 너에게 유익할 것이 없느니라." 행과 불행, 가난과 부, 이런 인류사의 물음이 신의 영역에 속하는 것이라는 답은 안토니오스가 기대했던 바는 아니었으리라. 그 대신 얻은, 네 자신을 돌이켜 보라는 대답은 전혀 엉뚱하지만 지혜와 진리의 길을 보여 준다. 결국 자신이 누구인지를 깨닫는 자만이 구원에 이를 수 있기 때문이다.

이문열의 설화 소설 〈하늘길〉휴이넘, 2006에 손이 가는 것은 안토니오스와 같은 질문을 책의 주제로 하고 있기 때문이다. 주인공의 식구는 모두 아홉. 아이의 가족은 찢어지게 가난했고 바로 그 가난 때문에 몸과 마음이 병들어 가족들은 하나둘 스러져 없어진다. 모든 식구가 세상을 떠나고 마지막으로 남은 아버지마저 숨을 거두기 직전 아이가 아버지에게 묻는다. 이렇게 혹독한 가난을 벌로 받을 만큼 나쁜 짓을 한 자가 없는데 이런 불행이 어디서 온 것이냐고. 아버지는 옥황상제가 나누어 주는 복을 많이 받지 못해서 그렇다고 말하면서 마지막 숨을 거둔다. 그 말에 아이는 옥황상제를 만나기로 결심하고 하늘나라 여행을 시작한다. 아이는 어느덧 젊은

이가 되어 하늘 문에 이르러 옥황상제를 뵙는다.

주인공이 왜 잘못이 없는 자신의 가족이 그토록 혹독하게 가난했는지 묻자 옥황상제는 복을 내려 주는 항아리의 창고 담당 관리를 불러 이유를 조사하게 한다. 관리가 알아보니, 그 가족에게 배정된 복 단지가 그만 실수로 텅 빈 채 밀봉되어 있었다.

옥황상제는 다른 항아리에서 조금씩 덜어 그 항아리에 복을 담도록 명했다. 그런데 이번에는 너무 많이 담아 항아리가 차고 넘쳤다. 이런 일이 있은 후 젊은이는 다시 지상으로 내려와 아리따운 아가씨와 결혼해 가정을 꾸리고 흘러넘치는 복을 받으면서 행복하게 살아간다. 그러다가 6년이 지난 어느 날, 젊은이는 훌쩍 떠났고, 그 후로 그가 어떻게 되었는지 아무도 알지 못한다.

〈하늘길〉은 우리나라 고전설화를 다시 쓴 것이니, 가난을 하늘의 실수로 돌리는 것은 따지고 보면 우리 조상의 여유와 해학의 산물이다. 하지만 이 책에 녹아 있는 우리 문화에 내재된 정신, 즉 부와 가난을 복 단지의 팔자 탓으로 돌리는 운명론적 담론은 안토니오스가 얻은 "네 자신을 돌이켜 보라"는 해답과는 차원이 다르다.

안토니오스와 이문열의 〈하늘길〉 사이에서 시편 37편이 떠올랐다. "악한 자들이 잘 된다고 해서 속상해하지 말며, 불의한 자들이 잘 산다고 해서 시새워하지 말아라"[1절]. "의인의 하찮은 소유가 악인의 많은 재산보다 나으니"[16절].

그러나 현실은 부조리하다. 의로운 하나님이 통치하시는데도 악인이

210

부유하고 의인이 가난하다. 그럼 어떻게 해야 하나? 시인은 혁명도 개혁도 소리쳐 외치지 않고 곧장 신앙으로 도약한다. "기쁨은 오직 주님에게서 찾아라…네 갈 길을 주님께 맡기고, 주님만 의지하여라. 주님께서 이루어 주실 것이다"4-5절.

••• "안토니오스야, 네 자신을 돌이켜 보아라. 그런 것은 하나님께서 판단하실 몫인즉 그걸 안다고 해서 너에게 유익할 것이 없느니라." •••

안토니오스가 악한 부자와 의로운 빈자의 부조리를 질문했을 때 돌아온 답은 "네 자신을 돌이켜 보라"였다. 시편은 동일한 질문을 던지다가 순간적으로 약동하여 인생길을 하나님께 '맡기고' 하나님만 '의지하라'는 영성으로 끝맺는다.

자신을 돌이켜 보라. 그리고 하나님을 의지하라. 사막 영성과 히브리 영성, 나는 이런 쌍둥이 영성을 내 아들딸에게 가르쳐 주고 싶다. 이 가르침에 하나를 더 보탠다면 고아와 과부의 하나님, 약자의 하나님 사상이 모태가 되어 탄생한 서양의 기독교적 사회복지제도이다마 25:35-45. 너 자신을 돌이켜 보고 하나님을 의지하라는 쌍둥이 영성이 뿌리가 되어 기독교적 사회복지라는 제도적 열매를 거둔다면, 타고난 팔자라는 한 서린 체념은 소설에서만 읽힐 뿐 망각 속의 화석으로 변해 갈 것이다.

'설마'와
'그날'

2002년, 스트라스부르에서 박사논문을 한창 쓰던 중이었다. 북핵 위기가 한껏 고조되었고 프랑스에서도 이에 대한 관심이 지대했다. 하루는 저녁 뉴스를 보는데 미국이 곧 북한 핵시설을 공격할 것이라는 내용이 보도되었다. 미국이 북한 핵시설을 공격한다니, 그럼 전쟁이 터진다는 말인가? 화들짝 놀란 나는 방송에 귀를 기울였다.

전체적인 방송의 논조는 북핵에 대한 미국의 공격을 거의 기정사실로 하고 있었다. 서울에 파견한 TF 1 방송국 특파원은 서울의 한 재래시장에서 장사를 하는 한 아주머니와 인터뷰를 했다. 프랑스 특파원은 그 아주머니에게 곧 미국이 북한 핵시설을 공격할 것 같은데 이 일을 어떻게 생각하는지 물었다. 그 아주머니는 지난 몇 십 년 동안 별일 없었으니 이번에도 그럴 거라고 대답했다. TF 1의 서울 특파원은 "미국의 공격이 임박했는데도 서울은 폭풍 전야처럼 고요하기만 하다"는 멘트를 남기고 사라졌다.

충격적인 보도를 접하자 당시 의정부에 살고 계신 부모님의 모습이 눈앞에서 어른거렸다. 걱정되는 마음에 당장 의정부로 전화를 걸었다. 아버지에게 미국의 북핵 시설 폭격이 임박했으니 당분간 큰아버지가 계시는 충주에 가 계시는 것이 어떤지 말씀드렸다. 그러나 이역만리 프랑스에서 전달된 아들의 '첩보'에 아버지는 코웃음을 치며 말씀하셨다. "설마 전쟁이 나겠느냐. 애야, 말도 안 되는 소리 아서라." 내가 재차 북핵 위기를 바라보는 프랑스 쪽의 심각한 시각을 말씀드렸더니, 아버지는 다시 한 번 호탕하게 웃으셨다. 오히려 "가긴 어딜 가냐. 전쟁 나면 나만 죽니, 다 같이 죽지. 괜찮다" 하고 농담을 하셨다. 끝내 미국은 북핵 시설을 폭격하지 않았고, 이렇게 하여 다행히도 나의 첩보는 오보로 끝나고 말았다.

우리말의 '설마'는 프랑스어로 옮길 수가 없다. 설마의 뉘앙스를 전달하는 영어 단어도 없는 것으로 알고 있다. "설마가 사람 잡는다"는 속담까지 있지만 우리나라 사람들의 유전 형질 속에는 '설마' 하는 태도가 DNA처럼 녹아 있는 것 같다.

그러나 성경은 '설마' 대신 '그날' The Day 을 말한다. 성경은 해가 어두워지고 달이 빛을 내지 않는 우주적 파국으로서의 '그날'막 13:24이 올 것이라고 한다. 과학이 발전하면서 우주적 종말이 단순히 유대 묵시문학의 영역에 속하는 것이 아니라, 실제로 발생할 수 있는 일임을 우리는 알고 있다. 루이드 앨버래즈Luid Alvarez 라는 과학사는 6,500만 년 전에 멕시코 유카

탄 반도에 지름 10킬로미터의 운석이 떨어져 180킬로미터의 거대한 운석구가 생겼고, 이런 우주적 파국으로 인해 공룡이 멸종했다고 주장한다. 오늘날 미국 나사_{NASA}의 과학자들은 운석이 지구를 향해 돌진할 경우 미사일로 격추하는 것을 연구한다고도 한다.

서양 사람들은 성경의 영향으로 종말의 '그날'을 다양한 방식으로 늘 상기해 왔다. '영원한 도시'_{civitas aeterna}, 로마가 고트족에 함락되던 410년 8월 24일은 아직도 서유럽 사람들에게 '온 세계가 하나의 도시 속에서 멸망당하던' 바로 '그날'로 기억되고 있다. 오늘날 세계의 유수한 과학자들은 결국 핵전쟁으로 인류의 문명이 존폐의 기로에 서는 그날이 올 것임을 예언하고 있다.

최근에는 경제적인 위기에서 비롯되는 '그날'에 대한 말이 부쩍 늘어나고 있다. 자본주의의 산실인 서방세계는 이미 여러 차례 대공황을 겪은 경험으로 경제적 파국으로서의 '그날'이 다가올 것임을 알고 있다. 2008년의 금융위기 이후 많은 사람은 그날이 머지 않았음을 경고하고 있지 않은가. 만약 신용 시스템이 붕괴되는 그날이 온다면, 그 사건은 단순히 경제적 파국으로 그치지만은 않을 것이다.

서구인들의 핏속에 면면히 흐르는 '그날'의 관념은, 성경 시대 이후 4-6세기 수도자들을 통해서 서양문화에 각인된 것 같다. 사막 기독교 전통은 그날에 대한 경고로 가득 차 있다.

한 원로에게 어떻게 겸손에 이르게 되는가를 물었더니, '하나님이 심판하시는 그때'를 기억함으로 겸손에 이른다고 답했다. 안토니오스는 하

정의가 작동하는
세상

나님께서 심판하시는 바로 '그날', 하나님은 우리에게 깨어 기도했는지, 내 자신의 내면을 바라보며 눈물을 흘렸는지 질문할 것이라고 했다. 압바 테오도로스는 기도할 때 하나님께서 심판하시는 장면을 상상해 보라고 했다. 에바그리오스는 이런 말을 남겼다. "늘 죽음을 생각하라. 영원한 심판을 잊지 말라. 그리하면 그대 영혼에는 동요가 없으리니."

••• "늘 죽음을 생각하라. 영원한 심판을 잊지 말라. 그리하면 그대 영혼에는 동요가 없으리니." •••

우리의 마음속에서 '설마'를 지워 버리고, '그날'을 생각하며 두려움을 갖는다면, 나 자신이 새로운 존재로 태어나고, 우리 사회도 뿌리부터 든든한 세상으로 바뀌지 않을까.

정의의
기술

캐나다 퀘벡 주 몬트리올은 눈이 많이 내리는 지역이다. 몇 년 전 겨울에는 5미터가 넘는 눈이 내렸다고 한다. 이렇게 눈이 많이 내리는 해에는 눈 녹은 물 때문에 봄에 홍수가 난다. 2011년 겨울에는 눈이 거의 안 내렸다고 하는데도, 내가 살던 집 앞 뜰에 겨울 내내 30~40센티미터의 눈이 쌓여 있었다.

우리 집 둘째는 눈만 내리면 얼굴에 화색이 돈다. 사실 강원도 산골이 고향인 나도 그 아이만큼이나 눈 내리는 것을 좋아한다. 그런데 둘째가 초등학교 5학년이던 어느 겨울 날, 수심 가득한 표정으로 집에 돌아온 적이 있다. 자초지종을 물으니 운동장에서 눈 때문에 3학년 아이들과 실랑이를 벌였다고 했다. 그리고 이 일로 교감 선생님이 나와 아내를 호출했다.

다음 날, 교감실로 들어가자 라고비치 교감 선생님이 우리를 반갑게 맞이해 주었다. 교감 선생님은 아들에게 어제 무슨 일이 있었는지 직접 설명해 보라고 했다. 둘째 놈은 나름대로 두 가지를 주장했다. 두 친구와 함께 운동장에 만든 눈 요새는 자기들의 것이라는 점과, 따라서 자기들이 만든 것을 부수는 3학년 아이들을 힘으로 제압한 것은 정당하다는 논리였다.

교감 선생님은 반대논리를 폈다. 학교 운동장에 있는 눈은 모두가 공유하는 것이지 누구의 것일 수는 없다. 또 두 살이나 어린 3학년 아이들을 힘으로 제압하는 것은 타당하지 않다. 처벌 내용은 그날 하루 교실 출입을 금지하고 교무실 한쪽 구석의 어두침침한 책상에서 온종일 침묵하며 홀로 공부해야 한다는 것이었다. 당황한 아들 녀석이 나에게 구원의 눈길을 보냈다. 그러나 주동자 중의 하나였던 3학년 아이가 교감실 문 밖의 책상에 홀로 앉아서 이미 근신 중이었다.

나는 열 명이나 되는 3학년 아이들이 먼저 시비를 건 것은 사실이 아니냐고 라고비치 선생님에게 되물었다. 그러나 라고비치 선생님은 나의 정당방위 논리를 수용하지 않았다. 3학년 아이들이 먼저 시비를 건 것은 사실이지만, 그럴 경우에라도 아이들을 손으로 밀거나 발길로 차서는 안 되며, 운동장에 있는 규율 담당 선생님이나 교감인 자신에게 알려야 했다는 것이다. 그러면서 자초지종을 조사하여 교칙에 따라 처벌한다고 했다.

라고비치 선생님의 이런 설명에 아빠인 나로서는 내심 기뻤다. 아들 녀석이 이전에도 몇 번 동급생과 몸싸움을 한 적이 있다. 그때마다 아이의 엄마는 절대로 친구들을 밀치거나 발길질 하지 말라고 단단히 일러 주었는데, 아들 녀석은 그럼 상대한테 맞고만 있냐고 항변했다.

눈 쌓인 몬트리올 동네길 야경, 사진 남성현.

아빠인 나로서는 아들이 맞았다는 말에 화가 나서, 맞으면 같이 걸어차라고 내뱉었다. 목사이자 신학자인 남편의 입에서 그런 말이 불쑥 나오는 것에 아내는 어이없어 했다. 나는 아우구스티누스도 정당전쟁론을 주장했는데, 방어적으로 그깟 발길질 한 번 한 것이 뭐가 문제냐고 받아쳤다.

••• 그 원리가 휴머니즘이든 성경말씀이든 결국 우리가 지향하는 사회는 사람이 살기 좋은 사회이다. •••

그런데 그리스도의 비폭력 정신_{아내}과 아우구스티누스의 정당전쟁론_{나 자신} 사이의 팽팽한 대립으로도 해결하지 못하던 난제를, 교감 선생님이 원칙대로 해결해 준다면야 얼마나 좋은 일이겠는가. 나는 아들을 설득하여 아이들을 밀치고 발길질한 벌로 교무실 독학이라는 고독의 징계를 달게 받도록 했다. 아울러 다시는 그런 과격한 행동을 하지 말고, 혹 무슨 일이 생기면 곧장 교감실로 가서 말하라고 일러두었다.

휴머니즘을 기초로 하여 물리적인 폭력과 언어적인 폭력을 계몽하는 라고비치 선생님의 정의의 기술을 보면서 나는 4세기의 수도원을 생각하지 않을 수 없었다. 세상과 사욕을 버린 수도자들 사이에서도 다양한 문제가 발생했다. 그리스도를 따라 살겠다고 모인 사람들 사이에서 문제가 발생할 때 어떻게 각자에게 맞는 몫을 돌려줄 것인가? 수도원에서는 순종이 중요한 덕목이었으니, 아랫사람이 윗사람 말을 무조건적으로 따랐을 것이라고 생각하는 것은 착각이다.

우리는 흔히 수도원 하면 상명하복의 엄격한 질서를 가진 중세 수도원을 생각한다. 그러나 4세기 최초의 수도원 중 바실리우스의 수도원은 중세의 수도원과는 판이하게 다른 면모가 있다. 바실리우스의 수도원 안에는 공동체 안에서 벌어지는 갈등을 충분히 토론하고 대화할 수 있는 재판위원회가 있었다.

그리스도를 본받아 "죽기까지 순종해야"빌 2:8하는 것이 구도자의 태도지만, 그것은 가르침이나 규율이 하나님의 말씀인 성경에 부합하는 한에서 그런 것이었다. 만약 성경의 가르침에 벗어나는 것을 요구하거나 행할 경우에는, 설령 수도원장이라 할지라도 재판위원회에 회부되어 성경 원리에 비추어 가르침을 받고 징계를 받아야 했다. 그리스도인들이 모여서 성경말씀에 따라 살려고 만든 공동체이니 성경이 판단의 원리가 되는 것은 당연한 것이리라.

그 원리가 휴머니즘이든 성경말씀이든 결국 우리가 지향하는 사회는 사람이 살기 좋은 사회이다. 사람 밑에 사람 없고 사람 위에 사람 없는 그런 사회야말로 사막의 구도자들이 만들고자 했던 이상향이었다.

땀 흘려 일한 값은 얼마일까?

1996년 말경, 독일의 한 의대생을 만난 적이 있다. 때는 내가 프랑스의 스트라스부르에서 프랑스어를 배우던 시절이다. 그 의대생은 스트라스부르의 루이 파스퇴르Louis Pasteur 의대에서 공부하기 위해 어학을 준비하고 있었다. 훤칠한 키에 호리호리한 몸매였던 이 친구는 두어 번이나 나를 파티에 초대하는 등 제법 나를 챙겨 주었다.

하루는 이 친구가 프랑스에 대해서 불평을 늘어놓기 시작했다. 독일에서는 청소부를 한다고 해서 무시하지도 않고 변호사를 한다고 해서 부러워하지도 않는다는 것이었다. 그런데 프랑스는 이상하게도 직업의 귀천을 따지고 그에 따라 사람을 차별하는 고약한 습성이 있다고 했다. 의대를 졸업하고 의사가 되면 경제적으로 상위계층에 속해서 살게 될 친구가 막노동을 천하게 보는 프랑스 사회를 못마땅하게 생각하고 있었다.

비단 독일뿐 아니라 스웨덴이나 노르웨이, 덴마크 등 북유럽 국가들은 천한 직업이나 귀한 직업을 따지지 않는다. 어찌하여 북유럽의 국가들은 직업의 귀천을 따지지 않고, 직업에 따라 사람을 차별하지 않는 것일까? 단언컨대 기독교적 정신 때문이다. 독일의 사회학자, 막스 베버가 1920년에 〈프로테스탄트 윤리와 자본주의 정신〉다락원, 2010이라는 책을 발표했다.

막스 베버의 논지는, 직업을 하나님께서 주신 소명으로 받아들이는 장 칼뱅의 직업소명설이 자본주의 발달에 커다란 영향을 주었다는 것이다. 노동을 거룩하게 생각하는 태도는 칼뱅뿐만 아니라 종교개혁의 선구자인 마르틴 루터도 공유하던 바였다. 나는 막스 베버의 주장을 전적으로 받아들이지는 않는다. 자본주의의 발달에는 다른 여러 요소들이 더 중요한 영향을 주었을 것이다. 하지만 노동을 하나님의 뜻으로 알아 고귀하게 받아들이는 태도야말로, 오늘날 북유럽 사람들의 평등주의적 직업관을 만들어 내는 데 결정적으로 공헌했다고 확신한다.

그런데 노동을 하나님의 뜻과 섭리로 받아들이는 거룩한 노동관의 시초는 누구일까? 그것은 바로 사막 수도자의 아버지로 불리는 안토니오스였다. 안토니오스가 홀로 사막에 머물며 구도자로 살아가던 중, 더는 기도하기 힘든 정신적 공황 상태에 빠진 적이 있다. 떠나온 세상에 대한 생각이 그를 사로잡았다. 도시의 찬란함도 눈앞에 어른거렸고, 가족에 대한 애틋한 기억도 뭉게구름처럼 솟아올랐다.

안토니오스는 "너무나 고통스럽습니다. 어떻게 해야 구원에 이를 수 있습니까?" 하고 기도했다. 그가 문을 열고 수실修室 밖으로 나가니 한 천사가 앉아서 일하다가 기도하고 다시 앉아서 줄을 꼬더니 또 기도하는 것이었다. 천사는 안토니오스에게 "이처럼 행하라. 그러면 구원을 받을 것이다"라고 말했다.

"기도하며 일하라! 일하며 기도하라!" 안토니오스가 시작해 입에서 입으로 전해 내려온 이 가르침은 곧 사막 수도자들의 황금률이 되었다. 사막의 구도자들에게 노동은 기도이고 기도는 곧 노동이었다. 나일강변에서 많이 나는 골풀로 돗자리를 짜거나 바구니를 만드는 것이 그들의 주된 노동이었고, 기도는 시편을 암송하는 방식으로 행했다.

노동 없이 기도만 하면 '악하고 게으른 종'이 될 뿐이며 마 25:26, 기도 없는 노동은 탐욕의 노예를 잉태할 뿐이었다. 성경은 쉬지 말고 기도하라 데전 5:17고 했지만 동시에 밤낮으로 일해야 한다 살후 3:8고 했으므로 이 두 가지를 서로 조화시켰다.

바실리오스 수도원은 밭일과 기도를 결합했고, 새벽기도, 오전 아홉 시, 열두 시, 오후 세 시, 아홉 시, 자정 등 하루 여섯 번의 기도시간을 정해 놓았다. 아울러 책을 필사하는 정신노동도 육체노동과 같은 것으로 간주했다. 5세기 초의 파코미오스 수도사들은 수공업과 목축, 양돈, 직물, 출판 분야 등 다양한 노동과 기도를 결합했다.

땀 흘려 일하는 것과 하나님께 기도하는 것을 결합했던 4세기 수도원의 정신은 오랜 세월 동안 서구 역사에 녹아들었다. 16세기의 종교개혁가들이 이를 계승했고, 그리하여 서유럽의 개신교 국가들은 노동의 귀천을 따지지 않는 기독교적 노동관이 상식으로 통하는 사회가 되었다. 내가 만난 그 독일 의대생은 직업의 귀천을 따지지 않고 노동을 중요하게 생각하는 16세기 개신교 사상가들의 후예인 동시에 4세기 사막 수도자들의 후예였다.

하지만 우리의 현실을 보면 한숨이 앞선다. 갖가지 통계가 너무나 현란하여 아시아의 기독교 국가라는 자부심이 한순간에 부끄러워진다. 최저임금은 2013년 기준으로 시간당 4,860원이다. 주당 40시간[월 209시간]을 일해야 겨우 101만 5,000원 정도의 월급을 받는다. 우리나라의 최저임금은 OECD 국가의 평균 최저임금의 절반 정도에 불과하다. 최저임금이 우리나라보다 낮은 나라는 멕시코와 터키, 체코 등 몇 나라 되지 않는다.

임금은 낮은 반면, 우리나라의 노동 시간은 2,193시간으로 OECD 국가 중에서 가장 길다. 보건사회연구원이 발행한 자료에 따르면, 2013년 우리나라의 행복지수는 36개국 중 스물일곱 번째라고 한다. 이쯤 되면 경제성장이니 경제발전이니 하는 것이 빛 좋은 개살구가 아닌가 하는 생각이 든다.

이러한 지표들은 땀 흘려 일하는 대가를 제대로 지불하지 못하고 있는 우리 사회의 현실을 반영한다. 땀 흘려 일하는 것은 기도처럼 거룩한 것이다. 논리의 비약일지는 모르지만, 나로서는 노동을 천대하는 것은 기도를 천대하는 것이나 다름없다고 본다. 노동은 기도이고 기도는 노동이다. 기억하자. 땀 흘리는 대가를 정당하게 지불받는 사회야말로 하나님께서 원하시는 사회라는 것을 말이다.

콘스탄티누스 대제

312년 여름, 작전 회의에 참여한 참모들은 콘스탄티누스 황제의 뜻을 한사코 꺾으려 했다. "세베루스도 갈레리우스도 로마 원정에 실패했습니다." "로마의 성벽은 너무 높고 튼튼합니다." "저들이 성문을 걸고 버틴다면 우리는 막센티우스의 군대가 아니라 겨울과 싸워야 합니다." 직관과 믿음이 부족한 걸 빼고 사령관들의 판단에는 틀린 데가 없었다.

하지만 콘스탄티누스의 의지는 흔들림이 없었다. 콘스탄티누스의 군대는 프랑스에서 단시일에 3만 명의 병사를 모아 몇 주 만에 그 혹독한 알프스를 넘었다. 초가을 북이탈리아를 급습한 것은 어느 정도 성공적이었다. 로마의 턱밑까지 오는 데 큰 저항은 없었다.

프랑스 리옹에서 로마까지 행군한 거리만 약 1,200킬로미터다. 피로가 누적된 상태였지만 병사들은 내일 결전을 치러야 한다. '나는 내일 오

줄리오 로마노(Giulio Romano)가 1520-4년경 그린 〈밀비우스 다리 전투〉. 백마에 올라 탄 콘스탄티누스가 용감하게 전진한다. 뒤로는 그리스도의 표시 라바룸이 높이 솟아 있고 하늘에는 칼을 든 천군천사가 전장을 호령한다. 적장 막센티우스는 테레베 강에 빠져 죽음을 맞는다. 멀리 밀비우스 다리가 있다. 바티칸 박물관, 사진 남성현.

후에도 여전히 숨을 쉬고 있을까?' 312년 10월 28일 저녁, 생각에 잠긴 콘스탄티누스는 비장한 심정으로 타오르는 저녁놀을 바라보았다. 그 순간 초자연적인 파노라마가 펼쳐졌다.

히$_X$와 로$_P$ 모양의 강하고 밝은 빛이 태양을 가리고 노을을 삼키는 것이었다. 동시에 고막을 찢는 것처럼 천둥 같은 음성이 울렸다. "그대는 이 표시로 승리하리라."

••• 오늘날 우리가 일요일에 쉬며 예배하는 것도 콘스탄티누스가 주일휴무법을 만들어 놓은 덕택이다. •••

깜짝 놀란 황제는 옆에 있던 참모들도 그 신비한 빛을 보았는지, 우레 같은 소리를 들었는지 물어보았다. 노을은 아름답고 땅은 고요하기만 하다는 대답이 전부였다. 콘스탄티누스가 보았던 빛은 ΧΡΙΣΤΟΣ크리스토스, 그리스도의 첫 두 글자였다. "그리스도의 표시로 승리한다고?" 그는 병사들의 방패에 그리스도의 표시 X히와 P로를 새겨 넣으라고 지시했다. 그리고 승리를 기도했다.

드디어 10월 29일 오전, 양편의 군대가 뒤엉켰다. 사람들은 6만의 대병력을 거느린 막센티우스가 당연히 승리할 것이라고 예상했다. 그런데 이른 오후, 로마에는 뜻밖의 급보가 전해졌다. 후퇴 도중 막센티우스가 테베레 강에 빠져 익사했다는 소식이었다. 단 한번의 전투가 마지막 전투가 되다니, 기독교인들보다 더 놀란 건 로마 원로원이었다. 로마를 한나절 만에 접수한 건 기적이요 신의 가호였다. 기독교인이 전무한 원로원이지만 콘스탄티누스를 아우구스투스로 선포하는 데 주저함이 없었다.

콘스탄티누스는 로마에 5개월을 머물며 새로운 로마제국을 구상했다. 새로운 로마제국, 그러니까 지난 250년간 기독교를 박해했던 '음녀 바벨론적'계17 로마제국이 아니라, 기독교적 로마제국 말이다. 그는 일단 발칸반도와 흑해를 다스리던 공동 황제 리키니우스에게 특사를 보냈다. 특사는 친서親書를 전달했는데, 그 속에는 기독교 박해를 중지하라는 요청과 결혼을 제안하는 내용이 담겨 있었다.

콘스탄티누스에게는 스무 살 난 이복 누이 콘스탄티아가 있었다. 그는 리키니우스에게 콘스탄티아와 결혼해 줄 것을 요청했다. 리키니우스는 50세였지만 여자 노예와 동거중일 뿐이었다. 로마법에 따르면 자유인 남자와 여자 노예는 결혼자체가 불가능했다.

'콘스탄티아와 결혼해 달라고?' 리키니우스는 망설였다. 콘스탄티누스의 여동생과 결혼한다면, 자신보다 열 살이나 아래인 콘스탄티누스가 제1황제임을 만천하에 인정하는 것이다. '결혼 제안을 거절하면 전쟁을 피할 수 없겠지.' 리키니우스는 두려웠다. 콘스탄티누스가 두려운 게 아니라, 이교적 로마를 하루 만에 접수한 그리스도의 힘이 두려웠다.

리키니우스는 두 제안 모두를 수락했다. 그리하여 313년 봄, 두 황제는 밀라노에서 만났고, 리키니우스와 콘스탄티아의 결혼식은 성대히 치러졌다. 리키니우스는 예수 그리스도를 믿지 않았지만, 콘스탄티누스의 뜻에 따라 기독교를 합법적 종교로 인정했다.

313년 6월 15일, 두 황제의 공동 명의로 아시아의 속주 총독에게 편지가 발송된다. 흔히 '밀라노 칙령'이라고 말하는 칙법勅法이다. 밀라노 칙령은 1000년 로마의 이교 전통에 새로운 것을 도입했다. 그것은 '지고의 신'~~summa divinitas~~ 하나님을 예배하는 것이 합당하다는 선언이다.

밀라노 칙령으로 이교적 로마제국은 기독교 로마제국으로 변화하기 시작한다. 314년에 이르러 콘스탄티누스는 대(大)박해 시에 노예가 되었던 기독교인들을 해방했고, 318년에는 감독(교회)법정을 신설하여 최고 법정의 권위를 수여했다. 321년에는 주일휴무법을 공포하여 일주일에 한 번 쉬면서 예배하는 생활리듬을 만들어 놓았다. 오늘날 우리가 일요일에 쉬며 예배하는 것도 콘스탄티누스가 주일휴무법을 만들어 놓은 덕택이다.

사막의 수도자들도 콘스탄티누스가 막을 올린 기독교 정책의 후광을 받았다. 독신자에게 중과세하는 오랜 정책을 320년에 이르러 철폐한 것이다. 기독교인 지도자, 콘스탄티누스는 사랑과 정의에 바탕을 두고 기독교적 사회를 만들어 나갔고, 이로써 기독교를 바탕으로 하는 유럽 세계의 모태가 형성되었다.

밀라노 칙령
1700주년을 기념하며

올해는 콘스탄티누스가 밀라노 칙령을 공포한 지 꼭 1700년이 되는 해다. 313년 6월 15일에 공포된 밀라노 칙령은 서양 세계에서는 신기원에 해당하는 날이다. 이 시점을 계기로 이교 전통의 그리스 로마 세계는 바야흐로 기독교 시대로 들어가기 때문이다.

밀라노 칙령은 크게 두 가지 내용을 담고 있다. 첫 번째는 박해할 때 몰수한 교회 재산을 되돌려 주어야 한다는 것이고, 두 번째는 기독교 신앙에 자유를 부여한다는 것이다. 그리스 로마의 다신 종교는 국가의 지원을 받고 있었고, 유대교 및 다른 여러 종교도 신앙의 자유를 누리고 있었다. 따라서 기독교 신앙에 자유를 부여한다는 것은 지중해 세계에서는 별로 특별할 것도 없는 조치였다.

하지만 1세기에 기독교가 탄생한 이후 약 250년간 기독교 신앙은 암묵적으로 허용된 때조차도 합법적인 것은 아니었기에, 기독교 신앙에 자유를 부여하는 밀라노 칙령에는 커다란 의의가 있다.

중요한 점은 밀라노 칙령 이후 서양 세계가 기독교 세계로 급속도로 전환하는 데 있다. 밀라노 칙령을 공포한 황제 콘스탄티누스가 어린 시절 기독교 교육을 받은 것이 아니다. 하지만 그의 세 아들은 어릴 때부터 유명한 기독교 교사들의 가르침을 받으며 성장했다. 아울러 콘스탄티누스 가문 이후로 로마 역사에서 기독교인이 아닌 황제는 단 한 명도 없었다.

더 놀라운 것은 밀라노 칙령이 공포된 지 불과 70년이 지난 후 이교 로마제국이 막을 내리고 '기독교 로마제국'으로 다시 탄생한다는 사실이다. 테오도시우스 황제는 381년 2월 28일, 로마제국의 모든 백성은 삼위일체 기독교 신앙을 믿어야 한다는 법을 제정함으로써 기독교 로마제국을 선포했다.

불과 두 세대 전에 신앙인들을 박해하던 바벨론적^{이교적} 로마제국이 기독교 신앙을 헌정 질서로 삼는 기독교 국가로 재탄생하다니, 이 시대의 역사적 급반전은 현대인의 눈에도 신기할 정도다. 이후로 서양 세계는 기독교 문화가 뿌리내렸고 현대 서구 문명에 이르기까지 기독교 문명으로 꽃을 피우고 있다.

그런데 서양 세계가 기독교화되는 역사를 정치사의 입장에서만 보는 것은 피상적인 접근이다. 밀라노 칙령 이후 서양에는 기독교밖에 없지 않았냐고 반문할지도 모르겠다. 꼭 그렇지는 않다. 4세기 말, '기독교 로마제국'이 탄생했을 때도 이교 문화는 여전히 건재했고 이교 신앙을 산식한 그

위 관료도 절반이 넘었다.

　5세기 초반에도 여전히 이교문화는 건재했다. 게르만족이 서로마제국을 무너뜨린 460년 이후, 적어도 8세기 이전까지 서유럽을 지배하던 종교는 기독교가 아니었다. 동유럽과 러시아의 경우도 7-8세기가 되어서야 기독교화가 진행된다.

··· 치열한 경쟁에서 승리했다고 구원받는 것도 아니요, 가진 것이 없다고 해서 구원받지 못하는 것도 아니다. ···

　기독교 유럽 세계의 탄생을 정치와 종교의 결탁으로만 설명하는 것은 바른 태도가 아니다. 권력이 누구의 손에 있든지 상관없이 유럽 세계에 기독교가 뿌리내릴 수밖에 없었던 열쇠는 기독교 영성에 있다고 본다.

　단순히 밀라노 칙령 때문이 아니라 그 즈음에 탄생한 기독교 영성과 더불어 새로운 시대가 열린 것이다. 이 시기에 탄생한 영성은 단순히 종교적 영성에서 그치지 않고 정신 혁명적인 성격을 띠고 있었다. 수도적인 삶을 택한 자들은 안토니오스의 생애 같은 문학작품을 왕성하게 집필했다. 문학뿐 아니라 신학과 예술, 심지어는 그리스 로마의 고전 유산도 수도자들의 손을 통해서 전수되었다.

　현대법의 근간이 되는 로마법의 경우, 12세기 이후 수도자들을 통해서 서방 세계에 다시금 확산되었다. 특히 수도자들에 의한 사회복지 사업은 눈부신 것이었으니, 이는 가난하고 병든 자들을 돌보라는 예수 그리스도의 말씀에 바탕을 둔 것이었다. 마 25:35-36. 고아원과 양로원, 병원, 구빈원, 여행객을 위한 호스텔 등을 처음으로 만들고 약 1200년 이상 운영해

온 주체는 바로 수도자를 중심으로 한 기독교인들이었다.

종교개혁기를 전후한 시대에 이르러서야 이런 사회복지 기관들의 운영 주체가 시의회와 국가로 점차 확대된다. 이렇듯 서구 문화와 문명 자체가 기독교 영성을 기반으로 했기 때문에 그리스 로마 문화권을 벗어난 민족들조차 기독교 신앙으로 동화되고, 정권을 손에 넣은 자가 누구든 관계없이 기독교 문화가 유지되고 발전되었다.

4세기 이후 기독교 세계의 바탕이 된 수도적 영성의 교훈은 두 가지로 압축된다. 마음의 욕망을 비우고 그리스도의 마음을 가지라는 것이 하나요, 사회적 약자를 돌보라는 것이 다른 하나다. 이런 기독교 영성이 우리에게 낯선 것은, 그것이 자본주의 사회나 경쟁 사회에 걸맞게 재화를 창출하거나 경쟁자를 압도할 능력을 빚어내는 것이 아니기 때문이리라.

하지만 치열한 경쟁에서 승리했다고 구원받는 것도 아니요, 가진 것이 없다고 해서 구원받지 못하는 것도 아니다. 인간 욕망의 문제를 심각하게 고민해 보지 않는다면, 아울러 약자에 대한 배려를 뿌리 깊게 하지 않는다면, 기독교적인 사회로 들어가는 것은 불가능하다. 내가 4세기 초대교회의 영성에서 배우고 앞으로도 더 배워야 할 것은 바로 이 두 가지라고 본다. 마지막 때 하나님께서 심판하시는 그날, 책망받지나 않을까 하는 두려운 마음이 앞선다.

황제를 혼낸
암브로시우스

기억에 남는 로마 황제를 들라면 아우구스투스를 꼽거나 미치광이 네로를 거론하는 사람이 많을 것이다. 그런데 이교 로마제국 말고, 4세기 초반 이후의 기독교 로마제국에서 가장 유명한 황제는 누구일까? 흔히 콘스탄티누스를 꼽을 것이다. 콘스탄티누스는 기독교 신앙에 자유를 부여한 후, 자유·평등·사랑이라는 기독교 정신에 바탕을 둔 많은 법을 제정해 로마제국의 기독교화에 결정적으로 공헌한 인물이다.

그런데 콘스탄티누스의 그늘에 가려 잘 알려지지는 않았으나 그만큼 유명한 황제가 있으니 바로 테오도시우스 황제 379-395년 이다. 테오도시우스 Theodosius 황제는 그 이름도 신실하여, '하나님께서' Theo '주신 자' dosius 라는 뜻을 갖고 있다. 313년, 콘스탄티누스가 기독교 신앙에 자유를 부여했다면, 테오도시우스는 380년 2월 28일, 오직 기독교 신앙만이 로마제국에서 유일한 합법적 종교임을 법으로 공포했다. 즉, 테오도시우스 시대에 이르러 로마제국은 '기독교 국가'가 되었다.

그런데 기독교 제국을 출범시킨 테오도시우스 황제가 한 수도자에게 호되게 질책을 당한 후 회개의 눈물을 흘린 사건이 발생했다. 그 자초지종을 이르자면 다음과 같다.

때는 390년의 일이다. 당시 테살로니카(데살로니가)의 로마군 사령관은 부테릭이라는 인물로 고트족 출신이었다. 그는 참모들과 함께 시민을 착취했다. 이에 격분한 시민이 반란을 일으켜 부테릭과 그의 참모들을 돌로 쳐서 죽인 후에 그 시체를 끌고 거리를 행진했다. 이 소식을 접한 테오도시우스 황제는 격노하여 주민 3,000명을 테살로니카의 원형 경기장에 모아서 학살하라고 명령했다.

황제의 명령을 받은 전령은 테살로니카로 출발했다. 그러나 곧 테오도시우스 황제는 주민 학살을 명령한 것이 지나친 것임을 깨닫고, 두 번째 전령을 보내어 명령을 취소했다. 그러나 두 번째 전령은 너무 늦게 테살로니카에 도착하고야 말았다. 그가 도착한 때는 수천 명의 시민들이 이미 군인들에게 학살되고 난 다음이었다. 이 당시 로마법은 사형을 명령하면 유예 기간 없이 즉시 처형하도록 되어 있었다.

밀라노 교회를 이끌던 암브로시우스는 이 충격적인 소식을 듣고 황제에게 공개적인 편지를 썼는데 그 편지가 아직도 남아 있다. 암브로시우스는 본래 정치가 출신이었으나 밀라노 교회의 감독(주교)으로 선출된 후, 자신의 재산을 가난한 자들에 나누어 주고 독신을 선언했던 수도자이자 목회자였던 신앙인이다. 암브로시우스는 테오도시우스 황제를 향하여 다음과 같이 말했다.

"나는 당신에게 충고합니다. 나는 당신에게 요청합니다. 나는 당신에게 권면합니다. 나는 당신에게 경고합니다. 지금까지의 황제들 중 경건한 황제의 모범이 되었던 당신이 하나님의 은혜를 받아 그토록 존엄한 황제의 권좌를 부여받은 당신이 수많은 무고한 자를 죽음으로 몰아넣었다는 것을 알고서, 나는 괴로워하고 있습니다."

더 나아가서 암브로시우스는 황제에게 사람을 보내 무고한 자들을 학살한 죄를 밀라노 교회에서 공개적으로 참회하지 않으면 황제를 출교出敎시키겠다고 위협했다. 로마제국이 아무리 기독교 제국이라고 해도 황제는 절대군주이고 황제의 말이 곧 법이 되는 시대였다. 황제를 향한 공개적 질책에 한술 더 떠 출교 위협을 운운하는 것은 암브로시우스로서는 목숨을 내거는 결단이었을 것이다. 망설이던 테오도시우스 황제는 결국 밀라노 교회의 예배에 참여해 시민들이 보는 앞에서 하나님께 무릎을 꿇고 용서를 구했다.

암브로시우스는 황제에게 새로운 법을 요구했고 이렇게 하여 390년 8월 18일, 새로운 법이 공포되었다. 테오도시우스 황제는 그 법령에서 이렇게 선언했다. "이전에 내가 내렸던 결정은 잘못된 것이었다. 앞으로 사형을 집행할 때에는 30일간의 유예기간을 두어야 한다. 그래서 무고한 자가 해를 당하는 일이 없어야 한다." 이런 배경 하에 로마제국 역사상 최초로 사형 선고에서 사형 집행까지 30일간의 유예를 주는 새로운 제도가 만들어졌다. 이 제도는 현대의 사형 집행 유예 기간의 골격이 되었다.

••• 나단 선지자는 다윗을 향해 "바로 당신이 그 사람이다"_{삼하 12:7} 라고 선언했다. •••

지도자에게 맹목적으로 순종하는 것은 그 지도자를 우상으로 만드는 것이다_{삼상 15:22 참조}. 나단 선지자가 다윗 왕에게 이야기하기를, 어떤 부자가 가난한 자의 암양을 빼앗아 손님을 대접했다. 그 이야기를 들은 다윗은 그런 자에게는 사형이 마땅하다고 말했다. 나단 선지자는 다윗을 향해 "바로 당신이 그 사람이다"_{삼하 12:7}라고 선언했다.

구약의 선지자는 사라졌지만 암브로시우스 같은 4세기 수도자들은 구약의 선지자들을 신앙의 스승으로 삼았다. 나단 같은 선지자! 암브로시우스 같은 지조 있는 신앙인! 바로 이런 자들이야말로 시대가 목말라하는 하나님의 자녀가 아니고 누구겠는가.

만남과
수용

몬트리올에서는 상점의 계산대 앞에 서면 점원이 으레 "봉주르, 하이" 하고 인사한다. 그럼 선택권은 곧장 손님에게로 넘어간다. 손님이 "봉주르" 하고 대답하면 그때부터는 불어로 대화가 이어지고, "하이" 하고 대답하면 영어로 대화가 오간다.

인구 250만의 몬트리올은 불어와 영어를 쓰는 세계 최대의 이중 언어 도시다. 여기에서 맥도날드 아르바이트라도 하려면 두 언어를 다 구사할 줄 알아야 한다. 우리 옆집에 사는 에콰도르 출신의 아저씨는 카스트로라는 이름의 커다란 개와 함께 살고 있다. 그런데 견공 카스트로조차도 영어는 물론 몇 마디 불어까지 알아들을 정도니 "서당 개 삼 년이면 풍월을 읊는다"는 옛말이 꼭 빈말은 아닌 듯싶다.

우리가 사는 집 맞은편에는 집 소유주인 이탈리아 출신 할아버지가 살고 있다. 이 할아버지는 영어나 불어를 할 줄 몰라 내가 뭘 물어보면 줄기차게 이탈리아어로만 대답했다. 내 막내 딸 예나는 만 네 살 때 동네 유치원에 다녔다. 평판이 안 좋은 곳이었지만 원장인 이집트 아저씨는 친절한 사람이었다.

예나의 유치원 친구 중에는 야나라는 이름의 몰디브 출신 아이가 있었다. 몰디브는 러시아와 루마니아 사이에 있는 작은 나라로, 예나와 야나는 서로 말이 안 통했지만 루마니아 출신 선생님이 다수인 유치원에서 친하기로 정평이 나 있다.

이곳 몬트리올에서 눈을 들어 만나는 사람은 대부분 우리처럼 외국인이다. 캐나다는 세계 도처에 있는 이질적인 문화권의 사람들을 대거 받아들여 낯선 사람들끼리의 이방인 사회를 만들어 놓았다. 그런데도 1, 2층 유리창에 안전장치 하나 없이 평화로이 살아가는 것이 놀라울 따름이다.

소통과 융합은 오늘날의 화두다. 그런데 눈을 돌려 과거 역사를 보노라면 진보와 변화는 늘 이질적인 문화를 수용하면서 이루어졌음을 알 수 있다. 기독교만 해도 지중해의 문화적 토양이었던 헬레니즘적 요소를 받아들이면서 발전해 가지 않았던가. 그 대표적인 예가 소테르_{sother, 구주}와 '선한 목자'라는 표현이다. 구주라는 표현은 본래 알렉산더 대왕의 장군으로 이집트에 그리스 왕조를 세웠던 프톨레마이오스 1세를 신성화하기 위해 처음으로 사용되었다. 이후 이 단어는 군주들을 지칭하는 데 널리 애용되었다. 신약성경의 기자들은 이 용어를 빌어 예수 그리스도를 '구주'_{눅 1:47}, '세상의 구주'_{요 4:42} 등으로 지칭한다.

예수님 자신도 헬레니즘 문명의 상징을 손수 이용하셨다. 그리스 문화에는 '헤르메스 목자상'이 널리 퍼져 있었다. 이 목자상은 가축의 신, 헤르메스Hermes가 양을 어깨에 둘러맨 모습을 표현한 것이었다. 예수님은 그리스 문화의 '헤르메스 목자상'을 빌어 자신을 '선한 목자'요 10:11; 눅 15:4-6로 지칭하셨다. 오늘날 우리 신앙에 친숙한 여러 개념이 실제로는 헬레니즘 문화의 결실을 차용한 것이라니 역사가 담고 있는 문화의 융합은 실로 그 깊이를 알 수 없는 우물과 같다.

••• 낯설고 이질적인 것을 접해 내 것으로 수용하는 자세는 답답하게 정체된 정신을 생기발랄한 약동으로 새롭게 한다. •••

4세기의 기독교 영성도 당시 공용어인 그리스어를 사용하던 주류 기독교권과 이집트의 콥트 문화라는 두 정신세계가 서로 만나 하나로 어우러진 결과로 생성된 것이다. 기독교 영성의 근원인 수도적 삶이 탄생한 곳은 이집트다. 그런데 이집트의 사막 기독교인들 중 그리스어를 아는 자는 거의 없었다.

버려진 죽음의 땅인 사막을 그리스도와 동행하는 장소로 선택한 최초의 인물 안토니오스, 그는 그리스어를 읽을 줄도 쓸 줄도 모르는 무식자였다. 암모니오스와 마카리오스 같은 사막 영성의 거장들도 이집트 시골 출신의 무식자였다. 323년에 이집트의 타벤네시스에 수도원을 창시한 파코미오스는 자신의 수도원을 찾아온 그리스어권 기독교인들에게 그리스어로 설교를 하고자 했다. 이런 목적 하에 그리스어를 공부해 보았지만 실패했다. 콥트어를 구사하는 어른이 그리스어를 배운다는 것은 아메리카

인디언이 라틴어를 배우려는 것과 비슷하다.

그런데 투박한 데다 학문도 결여돼 있던 이집트의 콥트 영성이 에바그리오스처럼 그리스어를 구사하는 문명세계의 유식한 기독교인들과 조우하면서 4세기에 기독교 영성의 시대가 활짝 꽃폈다. 유식한 기독교가 무식한 콥트 영성에 큰 빚을 진 것이 아이러니하다.

낯설고 이질적인 것을 접해 내 것으로 수용하는 자세는 답답하게 정체된 정신을 생기발랄한 약동으로 새롭게 한다. 이는 문명사나 영성의 역사가 보여 주는 바다. 내가 혹 타성의 물방울 속에 갇혀 정신적으로 경직되고 있지는 않은지 나 자신에게 물어본다.

만약 그렇다면 다르거나 낯선 것과의 만남을 두려워하거나 거부하지 말아야 하리라. 나를 가두고 있는 물방울을 깰 수 있는 것은 내 밖에서부터 내게로 다가오는 보이지 않지만 은혜로운 손일 것이기 때문이다.

Chapter 08

복음이
바꿔 놓은 세상

영성은 아무런 힘이 없는 것처럼 보인다.
하지만 시대를 되돌아보면
영성은 어느새 새것을 만들어 놓는
문명의 핵이었다.
병원을 잉태하고야 마는 영성처럼 말이다.
영성이 치졸하면 그 사회도 치졸할 것이고,
영성이 고상하면 그 사회도
고상하게 되는 것은 당연하다.

# 윈스턴 처칠의
'No sport'

내가 경험한 몬트리올의 겨울 평균 기온은 영하 10도 내외다. 몬트리올의 일기예보에서는 영하 20도가 넘어야 춥다고 할 정도로 동장군의 기세가 등등하다. 추위에 익숙한 때문인지 몬트리올 사람들은 겨울 스포츠를 즐기는 편이다. 겨울만 되면 동네마다 간이 실외 스케이트장을 만들어 놓고 밤늦게까지 스케이트를 탄다.

몬트리올 대학의 초청 연구원 시절, 동료 교수 가족과 함께 야외 스케이트장에 간 적이 있다. 그날 기온이 영하 15도 내외였다. 그렇게 추운 날씨에도 야외 스케이트장에는 어린아이부터 어른까지 스케이팅을 즐기는 사람들로 빼곡했다.

둘째 아이가 하키를 시작한 지 2년차로 접어들었다. 작년에 차로 몇 분 거리에 있는 둑 하비 Doug Harvey 스케이트장에 신청서를 내사, 동네 하키

243

팀 '재규어'에 입단되었다. 그 덕에 이곳의 사회체육 개념을 확실히 알게 되었다. 지원하는 아이는 성별을 불문하고 누구든지 받아 주고, 일주일에 한두 번의 연습과 한번 내외의 게임을 치른다.

코치는 아이들의 아빠가 자원봉사로 도맡아 하고 심판도 모두 자원봉사자의 몫이다. 그렇다고 만만히 볼 수 없는 것이 모든 경기가 마치 영국 프리미어 리그처럼 홈경기와 원정경기로 운영되며 공식 기록이 빠짐없이 발표되기 때문이다.

둘째 아이가 속해 있는 재규어 팀은 13승 9패로 12개 팀 중에 3위로 시즌을 끝냈다. 정규 리그 외에도 옆 도시에서 개최하는 '독수리 컵 토너먼트'에도 나갔다. 주로 강팀들이 나오는 토너먼트인데 내 아이는 초반에 두 경기를 내리 지면서 예선 탈락의 고배를 마셨다. 좌우회전과 순간 유턴 같은 하키의 기본기를 제대로 갖추지 못한 아들 녀석이 공격수로 뛰는 팀이니 오히려 이기는 것이 신기했을 것이다. 정규 리그 외에 옵션으로 토너먼트 컵에도 출전하니 아마추어지만 프로의 모양을 갖추고 있다. 야구든 축구든 경기장에서 게임을 직접 관람한 적이 한번도 없는 내가 하키 팀 서포터가 되다니 별일이다.

본래 사회체육은 그리스 문화의 주요 특징 중 하나였다. 연극, 음악과 함께 고대 그리스인들은 운동을 일상생활의 일부로 생각했다. 구약의 선지자 아모스, 이사야 등과 동시대를 살았던 호메로스의 서사시에 이미 체육관 $_{gymnasion}$ 에서 운동하는 장면이 등장한다. 그리스 사람들은 영혼을 위해서 종교를 가졌고, 정신을 위해서 철학을 했으며, 몸을 위해서 운동을 즐겼다. 주요 종목은 달리기와 멀리뛰기, 원반 및 창던지기, 복싱, 레슬링 등이었다.

그리스 시민에게 일상적이었던 운동은 로마 시대에도 이어진다. 게다가 로마인은 대제국의 통일성을 유지하기 위해 스포츠를 이용할 줄도 알았다. 다양한 언어와 문화를 가진 민족들을 하나의 제국 안에 통합하기 위해 로마제국의 지도자들은 수만 명 이상을 수용할 수 있는 원형 경기장을 도시마다 지어 놓고 갖가지 종류의 스포츠와 서커스 등 볼거리를 제공했다. 문화적 공감대를 유도한 것이다. 우리나라 체육은 그리스식 사회체육보다는 볼거리를 제공하는 데 치중한 로마식 개념에 가까운 것 같다.

그런데 히브리 문화는 운동과는 거리가 멀다. 나는 이스라엘 사람들이 무슨 운동을 즐겼는지 알지 못하거니와 구약성경에서 '운동'이라는 단어를 본 적조차 없는 것 같다. 예배와 스포츠와 철학을 통해 인간을 다듬어야 한다는 그리스 사람들의 확신과는 달리, 구약성경은 인간이 오직 하나님의 말씀을 듣고 순종함으로써만 완전해질 수 있다고 가르친다._{신 4:1, 6:4-5.} 고린도전서에 경기장에서 경주하는 것이 언급되어 있는 것을 보면_{고전 9:24} 사도 바울도 원형 경기장에 몇 번쯤은 출입했던 것 같다.

하지만 기독교는 유대교의 입장을 받아들여 스포츠를 인간의 삶에 불필요한 것으로 간주했다. 로마제국을 기독교 국가로 선포한 테오도시우스 황제는 394년에 올림픽 경기를 중단시켰다. 이로써 1000년 이상 계속되던 고대 올림픽이 중단되었고, 1896년에 와서야 현대 올림픽으로 재탄생했다. 로마의 이교 문화가 원형 경기장으로 가시화되었다면 중세 기독교 도시들은 교회와 수도원과 병원으로 채색되었다. 기독교 문화는 스포츠의 무덤이었던 것이다.

"내가 한 유일한 운동은 운동을 좋아하던 친구들을 땅에 묻기 위해 관을 따라가면서 걸었던 것뿐이다."

4-5세기의 기독교 시대를 살았던 사막의 구도자들이 운동을 언급한 것을 찾아봐야 헛수고다. 사막에서 마귀와 싸우시던 예수님을 본받아 자진하여 사막으로 들어간 그들이 운동 같은 것을 했을 리가 없다. 그런데도 그들이 오랜 연수를 누린 게 신기하다. 안토니오스는 105세에, 스케테를 창시한 마카리오스는 90세에 세상을 떠났다. 테오도시우스 황제의 황실에서 수십 년을 산 아르세니오스는 사막에서 50여 년의 세월을 지내고 95세가 되어서야 하나님께 돌아갔다. 사막 구도자들의 평균 수명은 70세 이상이다.

하기야 91세를 일기로 죽은 윈스턴 처칠 영국 수상 1874-1965이 건강의 비결을 질문 받았을 때 "No sport" 운동하지 않는 것라고 대답했다니 사막 교부들의 장수도 이해가 갈 법 하다. 처칠은 "하루 사과 한 개면 의사가 필요 없다"고 말하기도 했다. 이런 면은 사막 기독교인들과도 비슷하다. 조지 버나드 쇼 G. B. Shaw는 "내가 한 유일한 운동은 운동을 좋아하던 친구들을 땅에 묻기 위해 관을 따라 걸었던 것뿐이다"라고 말했다. 그게 사실이라면 그는 아마 사막 수도자들보다도 훨씬 덜 걸었을 것이다.

나는 건강에 대해서는 별다른 지식이 없지만 건강한 삶을 위해서는 운동을 많이 하기보다 음식을 덜 먹는 쪽이 낫다고 생각한다. 그렇다고 내가 반反스포츠주의자인 것은 아니다. 캐나다가 운영하는 사회체육 시스템이 언젠가 우리나라에도 도입되었으면 하고 바라는 입장이니 말이다.

평가절하된 호칭, '너'

나는 네 살배기 막내딸만큼이나 놀이터를 좋아한다. 그곳은 나에게 쉼터다. 그곳에서 피어나는 아이들의 해맑은 웃음소리는 잃었던 기쁨을 되찾아 준다.

사당동에 살던 어느 날이었다. 딸아이가 놀이터에서 놀고 있었는데 초등학교 5-6학년쯤 되어 보는 여자아이가 그네를 타러 왔다. 딸아이는 함께 놀고 싶은 생각에 한참 동안 그 아이를 바라보다가 용기를 내어 말을 걸었다. "너, 몇 살이니?" 예상치 못한 질문을 받은 그 아이는 어이없다는 듯이 딸아이를 쳐다보다가 냉정하게 쏘아붙였다. "몰라도 돼." 머쓱해진 딸아이는 머뭇거리다가 더는 다가가지 못하고 뒤돌아섰다.

몬트리올 대학의 초청 연구원이었던 2011-2012년에도 아이들의 놀이터 나들이는 주로 내 담당이었다. 딸아이가 모래밭에서 놀고 있으면 금방 서너 명의 친구가 생긴다. 어느 날 공원에서 내 딸과 놀던 아이가 나를 빤히 쳐다보더니 "너, 이름이 뭐니?"_{What's your name?} 하고 물었다. 나는 웃으면서 "난 성현이야"_{My name is Sung Hyun} 하고 대답했다. 그랬더니 이번에는 "너, 몇 살이니?"_{How old are you?} 하고 물어보는 것이었다. 사실 좀 당황스러운 질문이었지만 한편으로는 귀엽기도 해서 "난 마흔다섯 살이야"_{I'm forty five years} 하고 순순히 내 나이를 말해 주었다. 그 아이도 "난 다섯 살이야"_{I'm five years old} 하고 태연하게 자기 나이를 밝혔다. 그러다 내가 같이 놀기에는 나이가 너무 많다고 생각했는지 휙 돌아서서 다시 친구들 쪽으로 향했다.

아직 우리말의 '너'라는 단어에서 풍기는 뉘앙스를 잘 모르는 막내와는 달리 둘째 녀석은 너라는 단어에 아주 민감하게 반응한다. 몬트리올에 간 지 얼마 안 되었을 때 한 한인 교회에 잠시 출석한 적이 있다. 몬트리올은 프랑스어와 영어를 공용어로 쓰는 이중 언어 지역이다. 그곳의 한인 아이들은 우리말은 물론 프랑스어와 영어를 섞어서 쓰는 경우가 잦다. 어느 주일, 예배를 마친 후 성도들과 교제를 나누는 시간이었는데 초등학교 5학년인 아들 녀석이 시뻘겋게 상기된 얼굴로 터벅터벅 다가와서는 내게 울분을 토했다.

내용인즉 자기보다 한두 살 어린 아이들이 자기를 형이라고 부르지 않고 너라고 불렀다는 것이다. 나는 "네가 너지 누구냐"고 되물었다. 아들은 나에게 영어로 'you'라고 하는 건 괜찮지만 우리말로 놀 때는 자기보다 어린 아이들은 자기를 형이라고 불러야 한다고 주장했다. 그러면서 자기보다 어린 아이들이 자기를 '너'라고 부르는 것은 자기를 무시하는 것이라고 했다.

　아들의 말에 나는 네가 일흔세 살이 되고 그 아이들이 일흔 살 혹은 일흔두 살이 되면 다 똑같이 할아버지가 되는 건데, 그때도 네가 형이고 그 할아버지들이 동생이 되어야 하느냐고 되물었다.

　아들은 자신의 억울함에 조금도 동조하지 않는 나에게 "놀리지 마, 아빠" 하고 말하며 고개를 떨구더니 끝내 울음을 터트렸다. 때마침 이 장면을 본 담임목사가 자초지종을 듣더니 동생들을 단단히 교육시키겠다고 위로하면서 내 아들의 손을 잡고 함께 갔다.

　그런데 '너'라는 단어에 얽힌 갈등은 비단 내 아들에게만 국한되는 것이 아니다. 아들 녀석처럼 우리나라에서 온 아이들은 형이나 언니라는 단어를 쓰지 않으면 거북하고 불편해한다. 우리말의 어법은 언제부터인지는 모르지만 사람 사이의 호칭을 관계 중심으로 파악하여 호형호제를 전제한다. 그렇지 않으면 아이들 세계에서조차 관계가 잘 성립되지 않는다.

　'나'와 '너'는 말하는 주체와 주체의 대화 상대를 지칭하는 인칭대명사로 기본 중에서도 기본인 우리말이다. 김병호 박사의 연구에 따르면 우리말의 '나'와 '너'는 인도-아리안계의 언어인 드라비다어 및 라후어와 아주 유사하다고 한다. 특히 라후어의 인칭대명사 복수형 '너흐'는 우리말 '너희들'과 맥이 통한다.

　세계의 여러 언어 중에서 우리말의 '너'처럼 홀대 받고 평가절하된 단어가 또 있을까? 우리말에서 친구 사이를 제외하면, '너'라는 단어는 상하, 주종, 종속 관계 등 주로 수직적인 관계에서 사용된다. 평등이라는 인간의 보편가치가 아니라 차별 혹은 지배를 세뇌시키고 있는 단어인 것이다. 모르긴 해도 '너'라는 단어의 왜곡된 인간 차별적 개념은 조선 시대의 군사부일체라는 가부장적 지배 이데올로기 속에서 만들어진 것이 아닐까 싶다.

••• 사막의 구도자들에게 평등 개념은 기독교적 삶의 알파요 오메가였다. •••

하지만 기독교적 전통은 '너'라는 단어를 이토록 망가트린 가부장적 지배 이데올로기를 거부한다. 기독교인들은 신분과 나이, 지위의 고하를 막론하고 처음부터 그리스도 안에서 하나였고 서로를 '형제'요 '자매'로 대했다 갈 3:28. 신약성경에는 '형'이니 '언니'니 하는 표현이 존재하지 않는다. 서로를 '형제'요 '자매'로 부르는 경우가 무수할 뿐이다 약 2:1.

특히 사막의 구도자들에게 평등 개념은 기독교적 삶의 알파요 오메가였다. 예수 안에서 살아가려는 자들의 모임은 본래 '형제들의 모임' 혹은 '형제단'이라고 불렸다. 하나님 앞에서 평등한 사람들이 모인 곳이라는 의미에서 '형제들의 모임'이라고 했던 것이다.

이 모임은 본질적으로 정신 혁명적인 것이었다. 물건처럼 사고 팔리던 노예나 황실 예전에서 신적인 존재로 숭배되던 군주도 '형제들의 모임'에서는 동등한 존재였다 고전 1:29. 모든 서양 언어는 대통령이든 아버지든 어린아이든 관계없이 앞에 있는 대상에 똑같이 '너'$_{you}$라는 단어를 사용한다. 서양 언어처럼 대통령이나 아버지를 향해서도 '너'라는 단어를 사용할 수 있는 언어혁명, 아니 정신혁명이 이루어질 수 있을 것인가. 사랑에서 우러나는 효_孝나 충_忠은 그 사랑 때문에 소중하다. 하지만 지배 이데올로기로서의 효나 충은 그 비인간적 차별 때문에 거부한다. 나는 공자의 제자가 아니라 그리스도의 제자임을 자랑할 것이다 고전 1:30-31.

의로운 '빚'

내가 장 가스쿠Jean Gascou 박사를 만난 건 우연한 일이었다. 가스쿠 박사는 현재 파리 소르본의 파피루스연구소 소장이다.

2003년 여름방학, 나는 여느 때처럼 스트라스부르 대학의 교부학 연구소에서 논문에 몰두하고 있었다. 어느 날 낯선 중년 부인이 내가 공부하던 교부학 연구소에 책상을 마련하고 출근하기 시작했다. 자신이 일하는 연구소가 2주 동안 내부 수리를 하게 되었는데 그동안 잠시 우리 연구소를 함께 쓰기로 했다는 것이 그 여인의 설명이었다.

상근 직원이었던 그 부인 외에도 한 학자가 우리 연구소를 드나들었다. 몇 차례 마주쳐서 얼굴이 익게 되자 먼저 말을 건 것은 그쪽이었다. 내가 파코미오스 수도원을 공부한다고 하자 그 학자는 흥미 있는 주제라고 말하면서 그동안 썼던 논문을 좀 보여 줄 수 있는지 물었다. 나는 300쪽이 넘는 분량을 넘겨 주었다. 며칠 뒤 그 학자는 파코미오스 수도회는 나일 강에서 밀 수송을 하는 선단船團을 갖고 있었다고 슬쩍 귀띔해 주었다. 밀을 수송하는 수도원 소유의 선단이라고? 처음 들어보는 이야기에 나는 직감적으로 내 연구에 무언가 중요한 것이 빠져 있다는 것을 알아차렸다.

이런 인연으로 나는 파피루스연구소를 드나들게 되었고 경제사 분야에 눈을 떠갔다. 알고 보니 그는 스트라스부르 대학의 파피루스연구소 소장으로 고대 후기 로마 경제사 분야의 거장인 장 가스쿠 박사였다. 또 중년의 여인은 행정 요원으로 그의 부인이었다.

장 가스쿠 박사는 나를 만날 때마다 한두 개의 파피루스 자료를 아예 페이지째 펼쳐서 보여 주었다. 이런 도제식 교육은 6-7개월이나 계속되었고, 결국 그는 내 지도 교수 중 한 분이 되었다. 지금 내가 하고 있는 고대 교회경제사 분야의 연구는 전적으로 그분의 가르침에 빚진 것이다.

나는 "하나님께서는 기쁜 마음으로 내는 사람을 사랑하십니다"고후 9:7 라는 구절을 새삼스레 주목하게 되었다. 사도 바울이 사용한 '즐겨 내는 자'라는 표현은 그리스의 문화적 가르침에 빚진 것이기 때문이다. 그리스 문화권에 살았던 사도 바울이 그리스 전통에 영향을 받은 것은 어쩌면 당연한 일이다. 기원 전 320년, 크세노클레스Xenocles 라는 인물은 자신의 비용으로 케피소스 강에 견고한 대리석 다리를 건설했다. 기부자를 기념하는 비문에는 이런 시구가 남아 있다.

"오, 초신자들이여, 데메테르 신의 성소로 가시오. 세찬 비가 쏟아져도 강물이 불어날 것을 두려워하지 말고 그곳으로 가시오. 크세노클레스가 그대들을 위해 그 큰 강에 세운 다리가 얼마나 견고한지 보시오."

당시에는 엘레우시스라는 도시의 데메테르라는 신을 숭배하는 일이 그리스 전역에서 커다란 인기를 끌었다. 그러나 케피소스 강의 거친 물살이 순례객의 안전을 위협했다. 크세노클레스는 그 강에 다리를 건설해 순례자들이 안전하게 엘레우시스로 갈 수 있도록 했다. 크세노클레스는 순례객의 안전을 위해 '즐겨내는 자'였다. 그리스 사람들은 '즐겨내는 자'를 선행가 euergetes 라고 부르기도 했다.

그리스 도시국가의 정치가들도 '즐겨내는 자들'이었다. 도시의 안전과 시민의 삶을 위해 사유재산을 기꺼이 내놓았다. 아리스토텔레스는 〈정치학〉에서 이를 설명한 바 있다.

"정치가들은 레이투르기아 leitourgia, 공적인 일을 위한 기부를 반드시 행해야 한다.…공직에 들어올 때 관료들은…(자신들의 재산으로) 공공건물을 건축해야 한다. 그리하여 시민들이 (다리, 극장, 신전 등의) 기념건축물로 도시가 장식되는 것을 보고 그런 정치체제가 지속되는 것을 기쁘게 해야 한다. 뿐만 아니라 도시의 유지들도 자신들의 재산으로 기념이 될 만한 일을 행해야 한다."

도시의 재력가나 정치가들은 도시와 시민을 위해 즐겨내는 자들이 되었고, 사도 바울은 고린도후서를 쓰면서 이런 그리스적 기부 전통에 착안해 공동체를 위해 즐겨내는 자가 되라고 권면했다.

••• 물질적 빚은 가정과 사회, 나라를 망가트리지만, 의로운 빚은 개인도 사회도 살린다. •••

4세기에 시작된 수도자들의 복지사업도 사도 바울처럼 그리스 문화에 빚진 결과다. 372년, 수도자 출신의 감독인 바실리오스는 상속받은 막대한 양의 부동산을 처분하여 카이사레아에 거대한 사회복지 센터를 설립했다. 이렇게 하여 바실리오스는 그리스식 표현으로 하면 선행가가 되었으며, 사도 바울의 표현으로 하면 '즐겨내는 자'가 되었다.

바실리오스가 설립한 사회복지 센터의 한가운데에는 '기도의 집'교회이 있다. 교회 주변에는 성직자 숙소 등이 자리했고, 다음으로는 여행객을 위한 숙박시설, 노약자와 빈민을 위한 구제시설, 환자들을 돌보는 병동과 의사와 간호사의 숙소가 위치했다. 더 바깥쪽에는 수도원, 다양한 수공기술을 가르치는 기술학교, 고아원 등도 자리했다.

물질적 빚은 가정과 사회, 나라를 망가트리지만 의로운 빚은 개인도 사회도 살린다. 빚 권하는 사회가 좋은 사회인가에 대해서는 고개를 갸우뚱할 수밖에 없지만 공의로운 전통에는 빚을 져야 한다는 것이 고대 기독교 역사의 가르침이다.

마귀를 물리치는 '웃음'

나는 지하철을 주로 이용한다. 어느 날 자리에 앉은 나는 밀폐된 공간의 이산화탄소 때문인지 이내 눈꺼풀이 무거워졌다. 지하철에서 반수면 상태로 꾸벅꾸벅 조는 것은 괴로운 일이다. 졸다가 고개를 앞으로 떨어뜨리는 것은 그나마 낫지만 행여 머리가 옆으로 기울어지는 날이면 그 무슨 민폐인가.

나는 내려오는 눈꺼풀을 애써 올리며 옆 사람이 탐독하는 책으로 눈길을 돌렸다. 나는 본래 지하철에서 옆 사람의 책을 함께 읽는 습관이 있다. 보통 곁눈질 독서는 지하철의 흔들림 때문에 몇 줄에서 그치는 게 다반사인데 그날은 상황이 달랐다.

몇 줄을 따라 내려가는데 내리 깔리던 눈꺼풀이 번쩍하고 올라가며 잠이 확 깨는 것이 아닌가. 웃음, 바로 웃음에 대한 책이었다. 혹시나 읽던 그 페이지를 옆 사람이 금방 넘길까 봐 정신을 집중해서 두 페이지를 재빨리 읽어 내려갔다. 만약 이 사람이 다음 정거장에서 내리면 어쩌나 하는 생각에 말문을 열었다. "이 책의 제목이 뭔가요?" 이미 나의 곁눈질 독서를 의식하고 있던 책 주인은 씩 웃으면서 아무 말 없이 책 표지를 보여 주었다. 〈웃음의 미학〉류종영, 유로서적, 2005. 책의 제목이 '웃음의 미학'이었다.

내가 웃음에 관심을 갖게 된 것은 꽤나 긴 역사를 갖고 있다. 1980년 대 후반 학창시절에 나의 은사이신 최윤 선생님의 강의에서 프랑스 철학자 베르그송의 웃음에 관한 책을 접한 적이 있다. 이후 박사논문을 준비하면서 웃음에 대한 고대 기독교인들의 견해를 더 자세히 알게 되었다. 웃음뿐만 아니라 눈물과 꿈, 분노 등 인간의 일상적인 행동에 대한 철학과 신학의 반성은 역사가 오래된 것이다. 특히나 사막의 기독교인들에게 이런 주제는 자아성찰의 통로였다. 그런 이유로 〈웃음의 미학〉은 정다운 친구처럼 내게 다가왔다.

초기 기독교인들은 웃음에 대해서 호의적이지 않았다. 삼위일체 신학의 대가이자 수도자였던 바실리우스는 웃음을 절제해야 한다고 가르쳤다. 그가 말하는 웃음이란 미소가 아니라 폭소였다. 왜 웃지 말아야 하는가? 폭소는 무절제의 상징이다. 폭소는 마음의 평정을 잃는 것이다. 즐거운 마음으로 얼굴이 밝아진다는 말씀잠 15:13은 미소로 영혼의 기쁨을 드러낸다는 뜻이다. 반면 대소大笑는 어리석은 영혼에서 흘러나오는 헛된 짓이다전 7:6.

예수님은 기뻐하고 슬퍼하고 피로해하는 등 인간적인 감정을 모두 겪으셨지만 결코 폭소하지는 않으셨다. 바실리우스는 누가복음 6장 25절 말씀을 인용했다. "너희, 지금 배부른 사람들은 화가 있다. 너희가 굶주리게 될 것이기 때문이다. 너희, 지금 웃는 사람들은 화가 있다. 너희가 슬퍼하며 울 것이기 때문이다." 사막의 구도자들도 비슷한 입장이었다. 웃음은 하나님에 대한 두려움을 쫓아 버린

••• 아울러 사탄의 간계로 암흑의 시대가 열린다 해도, 하나님의 사랑이 영혼을 궁극적으로 이끄시는 이상, 장차 다가올 최종적인 승리를 미리 기대하면서 여기 이 땅에서 웃을 수 있고 또 웃어야 한다고 보았다. •••

다. 이런 기독교적 전통은 '무지해서 웃는다'는 서양철학의 한 흐름에 그 맥이 닿아 있다.

그런데 사막 구도자들의 이런 견해는 칼뱅의 제네바 종교개혁에서 법률로 확대되었다. 제네바의 방위사령관 페린은 결혼식에서 예의에 어긋나게 큰 소리로 웃었다. 큰 소리로 웃으면서 하나님의 영광을 가린 대가는 혹독한 것이었다. 페린은 시의회의 경찰력으로 8일간 구금되었고, 크게 웃은 죄를 회중 앞에서 공개적으로 고백해야 했다. 이런 내용은 1546년 8월 11일에 칼뱅이 쓴 편지에 나온다. 수도자들과 칼뱅의 엄숙주의는 생각만 해도 숨이 탁 막힐 지경이다.

반면 루터는 웃음과 농담을 즐겼다. 루터의 이런 태도는 또 다른 종류의 사막 기독교 전통과 연결되어 있다. 사탄은 여러 종류가 있는데, 그 중에는 슬픔과 우울을 가져다주는 사탄도 있다. 루터는 유머와 웃음이 우울의 마귀를 물리치는 데 효험이 좋다는 입장을 받아들였다. 아울러 사탄

의 간계로 암흑의 시대가 열린다 해도 하나님의 사랑이 영혼을 궁극적으로 이끄시는 이상 장차 다가올 최종적인 승리를 미리 기대하면서 여기 이 땅에서 웃을 수 있고 또 웃어야 한다고 보았다. 루터의 시대에 사탄의 세력은 교종권교황권으로 온갖 악한 짓을 저질렀다. 루터는 "꿀꿀거리는 돼지 새끼"라며 교종교황을 마음껏 조롱하면서 마귀를 농락했다.

　마귀를 조롱하며 농락하는 것으로서의 웃음. 마르틴 루터에게 웃음이란 불의한 사탄은 물론 그런 사탄의 하수인에 대항해서 싸우는 영적 싸움의 도구였다. 루터의 책은 그 어떤 신학자의 책보다 교종을 향한 투박하고 거친 욕설과 냉소가 많이 등장한다. 그런 루터에게 마음이 끌리는 것은 나만이 아닐 것이다. 사탄은 끊임없이 불의를 부추긴다.

　마르틴 루터라면 그런 불의한 살인에 마음껏 조소를 퍼부었으리라. "불의를 기뻐하지 아니하며 진리와 함께 기뻐하고"고전 13.6. 불의의 마귀를 조롱하며 마음껏 웃는 것은 사탄을 이기는 또 다른 길이다. 마음껏 웃으면서 불의의 사탄을 이길 수 있다니! 나는 그런 방법을 가르쳐 준 마르틴 루터에게 감사한다.

금주禁酒
찬송가

　어느 날 저녁 산책 도중 웬 양복 입은 신사가 넥타이를 풀어헤친 채 비틀거리는 것을 보았다. 헝클어진 머리와 초점 잃은 동공이 갈피를 못 잡는 그의 걸음걸이의 이유를 설명해 주었다. 원인은 매운 닭발이었다. 부천지방법원 앞쪽에는 매운 닭발을 파는 '불닭발' 집이 줄지어 늘어서 있다. 그곳에는 저녁만 되면 사람들로 넘쳐난다. 테라스를 달아 낸 것도 모자라 사람 다니는 인도에까지 테이블이 차려진다. 이상한 건 불닭발을 먹는 사람 중 밥을 먹는 경우가 없다는 것이다. 맥주나 소주에 곁들여진 닭발과 달걀찜, 양배추 샐러드 등이 전부다. 저녁시간인데 왜 밥을 먹지 않는 걸까? 알코올과 닭발로만 배를 채우는 걸까?

　사실, 그 신사가 비틀거린 것은 불닭발 때문만은 아니다. 우리나라 어디에 가든 밤이면 양복을 입은 채 갈지자로 걷는 사람들을 쉽게 찾아볼 수 있다. 고약하고도 이상한 음주문화다. 아직도 노상 방뇨하거나 길거리에 토사물을 분출하는 신사들이 있고, 금요일 저녁이면 젊은이들도 그 대열에 합류한다.

나는 짧지 않은 세월을 서구 문화 속에서 살았지만 양복 입은 서양 신사가 비틀거리는 모습을 한 번도 보지 못했다. 젊은이들이 몰려다니며 술을 마시는 모습도 서양에선 희귀하다. 서양에서 알코올에 취해 비틀거리는 모습은 부랑자들의 몫이다.

그런데 왜 우리나라 사람들은 뇌가 알코올에 익사할 때까지 술을 마시는 것일까? 학기 초에 수련 모임을 가는 학생들이 주류를 박스째 운반하는 것은 누가 가르쳐 주었는가? 폭탄주는 뭐며, 새벽이 올 때까지 술을 마시는 건 또 무슨 일인가. 야간 개장한 경복궁까지 가서 근정전 앞에 돗자리를 펴고 술판을 벌이는 나라가 우리나라다. 시장이 공무원 체육대회에 생맥주 16만 밀리미터를 제공하는 나라가 우리나라다. 이런 해괴한 버릇은 어디에서 온 것인가. 알코올에 대한 이런 신경증적 자해는 불행하게도 사회문화적으로 유전된 점이 크다. 그 증거로 금주 찬송가를 들고 싶다. 1931년에 발행된 신정 찬송가 230장은 임배세 작사의 '금주가' 禁酒歌 다. 가사는 이러하다.

(1절) 금수강산 내 동포여 술을 입에 대지 말라 건강지력 손상하니 천치 될까 늘 두렵다.

(2절) 패가망신될 독주는 빚도 내서 마시면서 자녀교육 위하야는 일 전

한 푼 안 쓰려네.

(3절) 전국 술값 다 합하야 곳곳마다 학교 세워 자녀 수양 늘 식히면서 동서문명 잘 빛내리.

(4절) 천부 주신 네 재능과 부모님께 받은 귀체 술의 독기 받지 말고 국가 위해 일할지라.

술을 얼마나 마셔댔으면 전국 술값을 합해 학교를 세우자고 소리 높여 찬송까지 했을까. 빚을 내서까지 술을 마셔 패가망신 할 정도라니 치료가 필요한 경우다. 지금 보면 재미있는 가사지만 시대의 자화상이 서려 있기에 안타까움이 앞선다. 후렴구는 웃음을 넘어 씁쓸함을 자아낸다. "아, 마시지 마라 그 술 아, 보지도 마라 그 술 조선사회 복 받기는 금주함에 있나니라." 술을 거들떠보지도 않는 정도가 복의 문이라니, 우리 조상의 정신과 영혼이 술에 녹은 녹아든 게 분명하다.

사막 기독교인들의 금언집에는 포도주에 얽힌 이야기가 자주 등장한다. 그리스 로마 문화의 포도주는 각별한 점이 있다. 로마제국은 군인들 월급의 일부분을 포도주로 지급하기도 했고, 교회의 현물 십일조 목록에는 포도주로 가득 찬 항아리가 중요한 자리를 차지했다. 포도주가 거의 생필품이었기에 예수님은 마지막 만찬에서 포도주를 십자가에서 흘리실 언약의 피에 빗대셨다 마 26:28.

디모데전서에는 포도주를 약용으로 쓰는 지중해 문화의 의학상식도 나타난다 딤전 5:23. 일반 교회의 성찬식은 말할 것도 없고, 사막에 살던 기독교인들도 주일예배 후에 애찬과 함께 포도주 한두 잔을 곁들였다.

하지만 사막의 기독교인들은 포도주에 야누스의 얼굴이 있다는 것을 잘 알았다. 성찬과 애찬의 포도주는 속죄의 상징이요 은혜의 수단이지만 잘못 사용된 포도주는 악마로 돌변한다. 안토니오스는 애찬 때조차도 세 번째 포도주 잔은 사탄이라고 지칭하며 물리쳤다. 제롬은 고기와 함께 나온 포도주를 계속 들이키는 것은 향락의 침대 속으로 들어가는 것이라고 했다. 성찬이나 애찬 때가 아니면 포도주를 받지 않았던 한 수도자는 "아담이 먹는 것에 속아서 천국 밖으로 쫓겨났다"고 경계했다.

••• 술에 취하는 것은 불타오르는 가엾은 몸에 기름을 붓는 격이다. 그러니 그리스도의 신부라면 알코올을 독버섯처럼 피해야 한다. •••

주색잡기라는 말이 보여 주듯 주酒와 색色은 같은 길을 가는 것이다. 사막의 기독교인들도 포도주와 음탕함을 동의어로 생각했다. 롯은 의로운 자였지만 포도주 때문에 불륜을 저질렀고, 노아도 포도주 때문에 큰 실수를 했다. 술에 취하는 것은 불타오르는 가엾은 몸에 기름을 붓는 격이다. 그러니 그리스도의 신부라면 알코올을 독버섯처럼 피해야 한다. "술 취하지 마십시오. 거기에는 방탕이 따릅니다. 성령의 충만함을 받으십시오."엡 5:18.

병원의 탄생

기원 후 587년에 이집트에서 발행된 파피루스 영수증이 현재까지 전해진다. 영수증에 얽힌 이야기는 이러하다. 이집트에 살던 아피온(Apion)이라는 인물이 세상을 떠났다. 아피온의 가문은 이집트에서 손꼽히는 명문가로 콘스탄티노플 황실에서 황제의 오른팔 역할을 하던 인물을 배출하기도 했다. 아피온은 578년경 세상을 떠나면서 유언을 남겼는데, 아마도 그 유언의 일부가 해마다 병원에 헌물을 드리라는 내용이었던 것 같다. 아피온의 상속자들은 유언을 받들어 상당량의 밀을 매년 여러 병원에 헌물했다.

그와 관련된 영수증은 거의 사라졌지만 587년에 발행된 이 영수증은 잘 보존되어 있다. 아피온의 상속자들은 그 해에 엘리아라는 이름의 수도자가 설립하여 운영하던 거룩한 병원에 약 15톤의 밀을 헌물했고, 이에 대한 영수증을 받았다. 이집트 신앙인들의 지극한 신실함을 증언하는 영수증이다. 서양 학자들은 이 영수증을 옥시린코스 파피루스 16권 1898번으로 편집했다.

본래 로마제국에는 병원이라는 것이 존재하지 않았다. 수천 수만의 노예 노동으로 운영되던 대규모 농장에 병든 노예들을 치료하던 곳이 있긴 했다. 아울러 최전방 로마 군단은 군인 병원을 갖추고 있었다. 하지만 이런 곳들은 일반인에게 개방된 곳이 아니었다. 그저 노동력이나 군사력의 질을 보존하기 위해 설립된 폐쇄적 치료공간에 불과했다.

고대 그리스 로마 시대의 이교 신전 중에 아스클레피오스 신전이 커다란 인기를 누렸다. 아스클레피오스는 본래 그리스의 명의였는데 죽은 후 신격화되어 아스클레피오스 신전이 생겨났다. 아스클레피오스 신전에는 치료를 원하는 병자들이 많이 찾아왔고 신전의 부속건물 중에는 환자들의 숙소와 치료용 온탕(흔히 온천탕)도 있었다. 하지만 그건 어디까지나 신전이었을 뿐 그 이상도 이하도 아니었다.

그러다가 4세기가 되어서 기독교인들, 특히 수도자들을 중심으로 병들고 가난한 자들을 위한 안식처를 만들기 시작했다. 누누이 말하지만 이 당시의 신앙인들은 예수님의 말씀 한 구절 한 구절을 복음으로 받들었다. 이들이 특히 마음에 담았던 것이 바로 "병들어 있을 때에 돌보아 주었고"라는 마태복음 25장 36절의 말씀이다.

헐벗고 병든 자를 돌아보면 바로 그것이 예수 그리스도를 돌본 것이나 다름없다는 말씀은 당시의 세상을 흔들던 새로운 기쁜 소식(복음)

이었다. 수도자들은 병든 자들을 위해 특별한 장소를 마련하고 '노소코메이온'nosokomeion 이라 칭하였다. '노소'noso 는 병든 자라는 뜻이고 '코메이온'komeion 은 쉼터라는 뜻으로, 합하면 '아픈 자의 쉼터'라는 뜻이다.

••• 영성은 아무런 힘이 없는 것처럼 보인다. 하지만 시대를 되돌아보면 어느새 새것을 만들어 놓는 문명의 핵이다. •••

이렇게 4세기에 수도자들이 짓기 시작한 병원은 우후죽순처럼 생겨나 5세기 말엽부터는 로마제국의 법을 통해 법인으로 인정받기에 이른다. 6세기에는 웬만한 교회나 수도원이 있는 곳이면 병들고 가난한 사람을 위한 병원이 있을 정도로 명실상부한 기독교 기관으로 자리매김했다.

영성은 아무런 힘이 없는 것처럼 보인다. 하지만 시대를 되돌아보면 영성은 어느새 새것을 만들어 놓는 문명의 핵이었다. 병원을 잉태하고야 마는 영성처럼 말이다. 영성이 치졸하면 그 사회도 치졸할 것이고, 영성이 고상하면 그 사회도 고상하게 되는 것은 당연하다.

예수 그리스도의 말씀을 마음에 담았던 시대치고 새롭게 변하지 않은 시대가 없다. 말씀은 영성에 양분을 공급하고, 영성은 산통을 통해 새로운 제도를 잉태한다. 인류문명이 진보했다면 영적 힘이 끊임없이 자유와 평등과 사랑의 정신을 제도로 만들어 나갔기 때문일 것이다.

567년 3월 31일, 플라비오스 테오도로스라는 사람이 이집트의 장관 사무실에서 작성한 파피루스 유언장이 남아 있다. 그 유언장을 보면 테오도로스는 이집트 각처에 흩어져 있던 많은 양의 부동산을 수도원에 기증

하면서 '경건한 사업' 즉, 가난하고 헐벗고 병든 자들을 도와주는 사회 복지사업에 사용할 것을 명시했다.

이집트의 신앙인들이 "병들었을 때에 돌보았고"마 25:36라는 그리스도의 말씀을 마음에 담았다면, 오늘날 우리는 어떤 말씀을 마음에 담고 사는가? 우리의 미래는 우리가 마음에 담은 그 말씀에서 흘러나올 것이다.

거룩한 이름들

내가 살고 있는 몬트리올 시市의 동네 이름은 '은혜로운 성모'聖母다. 불어식 지명은 Notre Dame de Grâce인데 너무 길고 불편해서 약자로 N. D. G.라고 약칭한다. 17세기의 본래 지명은 '성聖 베드로 언덕'coteau St-Pierre이었다. 우리 옆 동네의 이름은 '성 누가 언덕'Côte-Saint-Luc이고 몬트리올 중심부는 '마리아'Villa Maria 시다. 누가 어디에 사는지 물어보면 나 같은 경우 '은혜로운 성모'N. D. G.에 산다고 답한다. 제 아무리 아랍권 출신이라도 마리아, 베드로, 누가 등 성경의 이름을 줄줄 댈 수밖에 없으니 과연 기독교 문화란 지명에서부터 배어 있는 게 아닌가 싶다.

몬트리올에서 북쪽으로 올라가는 15번 고속도로의 이정표에도 기독교 역사의 유명한 이름들이 즐비하다. 일단 시내를 관통하는 고속도로 왼편에는 '성 로렌티우스 구區'가 있다. 불어식으로는 '생 로랑'Saint-Laurent이다.

269

성 로렌티우스는 3세기 중반 로마 교회의 금고를 관리하는 성직자였다.

데키우스 황제의 박해 때 로마의 관료들은 로렌티우스를 체포해 로마 교회의 금고를 넘기라고 했다. 로렌티우스는 "가난한 자들이 교회의 유일한 금고다"라는 유명한 말을 남기고 순교했다.

••• 뜻 없는 이름이 없고, 이름에 가장 진지한 뜻을 담고자 하는 것이 인간 존재이기에, 이름을 짓는 방식이 어떤 집단의 무의식을 형성하는 하나의 축이 될 수도 있겠다. •••

몬트리올을 벗어나자마자 '예수 섬'島이 나온다. 고속도로는 '예수도'島에 자리 잡고 있는 라발 시를 지나는데 요즘 이곳에 한인들이 많이 살고 있다.

조금 더 가면 오른쪽으로 '성 마르티누스' Saint-Martin 시가 나온다. 로마 군인이었던 마르티누스는 고트족과 전투하기 전날 수도자가 되고 싶으니 제대시켜 달라고 율리아누스 황제에게 청원했다. 청원이 거절되자 그는 고트족과의 전투에서 보병대의 제일 앞줄에 무기를 들지 않고 맨손으로 서겠다고 호언했다.

마르티누스는 이 말 때문에 투옥됐지만 다음 날 고트족은 화친을 청해 왔고 전쟁이 종식됐다. 후에 수도자가 된 마르티누스는 '초라한 몰골에 더러운 옷과 헝클어진 머리로' 살았지만 시민은 남루한 그를 오히려 존경해 투르의 감독으로 선출했다.

그 다음으로 나오는 도시는 '성 테레사' Sainte-Thérèse 시다. 국내에도 잘 알려진 영성 작품 〈영혼의 성〉바로오딸, 1970을 남긴 16세기의 성녀, 아빌라의 테레사에게서 빌려온 이름이다.

몇 분 더 달리면 왼쪽에 첨단 항공 산업으로 유명한 미라벨 시가 나온다. 성 어거스틴 등 성인聖人의 이름을 딴 세 개의 지역이 합쳐져서 만들어진 도시다. "나 없이 나를 만드신 하나님은 나 없이 나를 인도하시지 않는다"고 고백한 아우구스티누스의 이름이 등장하지 않는다면 오히려 이상할 것이다.

조금 더 가면 성 제롬 시가 나온다. 헌신된 수도자로 살며 일평생을 성경 연구에 몰두했던 성 제롬! 그는 유대인 랍비에게 히브리어를 배운 후 홀로 구약성경 전체를 라틴어로 완역했던 불가사의한 열정의 인물이다. 프랑스에서는 "제롬!" 하고 외치면 길가는 사람 중 몇은 뒤를 돌아볼 정도로 흔한 이름이다.

성 제롬 시를 지나면 곧 산악지대가 시작되는데 처음으로 나오는 산의 이름이 '거룩한聖 구원자 산'Mont Saint-Sauveur이다. 성 구원자 산이란 이름을 처음으로 접했을 때의 기분은 참으로 묘했다. '은혜로운 성모'에서 출발해 '예수도'를 지난 다음 귀감이 되는 신앙인들의 이름을 두루 거친 뒤에 '거룩한 구원자의 산'에 이르는 길, 이 길을 우연히 지난 것뿐인데 마치 순례자의 길처럼 되어 버렸다.

불과 17세기부터 역사가 시작됐는데도 퀘벡 주는 거룩한 이름들이 죽순처럼 가득한 곳이다. 내가 아는 한, 수도자와 순교자 그리고 성경의 거룩한 이름이 이처럼 빽빽한 지상의 장소는 없다. 유럽을 떠나 춥고 낯설고 깊은 머나먼 대륙의 숲으로 이민왔던 옛 프랑스 사람들과 그 후손들은 신앙에 의지해 살아가고자 한 의지를 이렇게 거룩한 자들의 이름으로 나타내려 했던 것일까.

　내 논문을 지도했던 선생님 중에 '기도하는 자'_Prieur_라는 성姓에 '요한-마가'_Jean-Marc_라는 이름을 갖고 있는 분이 있었다. 이런 이름을 만든 민족이니 퀘벡 주가 거룩한 이름들의 바다인 것도 이상하지 않다.

　마음의 바탕이 송두리째 바뀌어야 비로소 바뀌게 되는 것이 이름이고, 특별히 지명은 더욱 더 그러하다. 융이 말한 바 집단무의식이란 것이 있다면 그런 공동체적 무의식은 무엇보다 이름 속에 녹아 있다고 생각한다. 뜻 없는 이름이 없고, 이름에 가장 진지한 뜻을 담고자 하는 것이 인간 존재다. 따라서 이름을 짓는 방식이 어떤 집단의 무의식을 형성하는 하나의 축이 될 수도 있겠다. 신앙의 인물들이 우리 마음에 녹아서 인명도 지명도 사랑과 소망의 상징이 되었으면 하고 바란다.